AF238658

POLEN

DER AUTOR

Andrzej Rybak, geb. 1958, ist Journalist. Er wuchs in Warschau auf, bevor er 1981 nach Deutschland übersiedelte. Nach einem Studium der Völkerkunde an der Universität Hamburg arbeitete er als außenpolitischer Redakteur für das Hamburger Abendblatt, den Spiegel, die Woche und die Financial Times Deutschland. 1998 kehrte er als Korrespondent des Spiegels für zwei Jahre nach Warschau zurück.

www.vistapoint.de

Top 10 & Willkommen

🔟 **Top 10:** Übersichtskarte . . . . vordere innere Umschlagklappe
🔟 **Top 10:** Das müssen Sie gesehen haben . . . . . hintere Umschlagklappe

Willkommen in Polen 4

Chronik

Daten zur Landesgeschichte 6

Stadttour Warschau/Warszawa   mit Detailkarte

Ein Rundgang durch die polnische Hauptstadt 12
Service-Informationen Warschau 20

Vista Points – Sehenswertes

Reiseregionen, Orte und Sehenswürdigkeiten

Masowien und Lodsch/Mazowske und Łódź 26
Krakau, Kleinpolen und Tatra/Kraków, Małopolska und Tatry 32
Breslau, Schlesien und Sudeten/Wrocław, Śląsk und Sudety 53
Posen und Großpolen/Poznań und Wielkopolska 79
Stettin und die Ostseeküste/Szczecin i Wybrzeże Bałtyku 90
Danzig, die Masuren und das Ermland/Gdańsk, Mazury i Warmia . . . 100
Lublin und das Karpatenvorland/Lublin i Podkarpacie 114

Service von A bis Z

Polen in Zahlen und Fakten 124
Anreise, Einreise 124
Auskunft 125
Automiete, Autofahren 125
Diplomatische Vertretungen 126
Einkaufen 126
Essen und Trinken 126
Feiertage, Feste 127
Geld, Kreditkarten 129
Hinweise für Menschen mit Handicap 129
Internet 129
Klima, Kleidung, Reisezeit 129
Medizinische Versorgung 130
Mit Kindern in Polen 130

LITAUEN

Ukmergé

Kuršskij zaliv
Sovetsk
RUSSLAND
Nemunas
Kaunas
Neris

△ 228

Kaliningrad

Gusev
Alytus

7 Frombork

Bartoszyce

△ 308

Danzig, die Masuren und das Ermland

10 Mrągowo
Ełk
Augustów
Hrodna

Olsztyn
Sorquitten/ Sorkwity

WEISS-

Łomża
Bobrowniki

Białystok

△ 212

Mława

Ciechanów

Ostrów Maz.

RUSSLAND

Wyszków

Siemiatycze

Płock

1 **WARSCHAU/ WARSZAWA**

△ 186

Brést

Masowien und Lodsch

Łomża

Grójec

Wisła

Łuków

Piotrków Tryb.

Radom

Lublin

Ostrowiec Świętokrzyski

Kielce
△ 612

Zamość

Stalowa W...

Krakau, Kleinpolen und Tati...

Busk...

2 **KRAKAU/ KRAKÓW**

Wieliczka
Myślenice

Nowy Targ

SLO...

Poprad

Übersichtskarte Polen mit eingezeichneten 10 **Top 10 und farbig markierten Regionen**

Eine detaillierte Karte mit Stadtplänen von Breslau, Danzig, Krakau, Posen, Stettin und Warschau befindet sich in der hinteren Umschlagklappe.

◁◁   **Titelbild:** Marienkirche in Krakau
       Foto: shutterstock/hramovnick
◁   **Vordere Umschlagklappe** (außen):
       Wisente in Winterlandschaft
       Foto: shutterstock/Szczepan Klejbuk
▷   **Hintere Umschlagklappe** (außen):
       links oben: s. S. 19
       rechts: s. S. 107
       links unten: s. S. 79
▷▷   **Umschlagrückseite:**
       s. S. 93
▷▷   **Postkarten auf Umschlagrückseite:**
       oben: Getty Images/SeanPavonePhotos; Mitte: Getty Images/Poike; unten: Getty Images/Albaimagery

Nachtleben 130
Notfälle, wichtige Rufnummern 130
Öffnungszeiten 131
Post 131
Presse, TV 131
Rauchen 131
Sicherheit 131
Sport und Erholung 132
Strände 134
Strom 134
Telefonieren 134
Trinkgeld 134
Unterkunft 134
Verkehrsmittel 135
Zeitzone 135
Zoll 135

Sprachführer

Die wichtigsten Wörter für unterwegs 136

Extras – Zusatzinformationen

Warschauer Touristenkarte 20
Bunzlauer Keramik 69
Goldzug von Wałbrzych 75
Thorner Lebkuchen 88
Stoewer 91
Bernstein 103
Danziger Goldwasser 105

Register 138
Bildnachweis und Impressum 144

Zeichenerklärung

Top 10
Das müssen Sie gesehen haben, s. vordere innere und hintere Umschlagklappe.

Vista Point
Reiseregionen, Orte und Sehenswürdigkeiten

Symbole
Verwendete Symbole s. hintere innere Umschlagklappe.

Kartensymbol: Verweist auf das entsprechende Planquadrat der ausfaltbaren Karte bzw. der Detailpläne im Buch.

Willkommen in Polen

Vor nunmehr 30 Jahren haben die Polen ihr kommunistisches Regime gestürzt und die Wende zu Demokratie und Marktwirtschaft in ganz Osteuropa eingeleitet. Der damals begonnene Prozess wurde am 1. Mai 2004 mit dem Beitritt von acht ehemaligen Ostblockstaaten zur Europäischen Union gekrönt.

Obwohl Polen seitdem als Nachbar und Partner Deutschlands in der EU eine wichtige Rolle spielt, bleibt das Gebiet jenseits der Oder für viele unbekannt. Dabei gibt es in Polen viel zu entdecken. Nicht nur für Heimwehtouristen, die die Stätten ihrer Kindheit wiedersehen wollen, ist das Land interessant. Vor allem jungen Menschen ebenso wie sportlichen und aktiven hat Polen viel zu bieten. Reitfans und Radfahrer, Segler und Angler werden jenseits der Grenze garantiert auf ihre Kosten kommen.

In vielen Gebieten konnte Polen noch seine ursprüngliche landschaftliche Schönheit bewahren. An der 530 Kilometer langen Küste gibt es lange, breite Sandstrände und in Masuren, dem Land der 1000 Seen und ausgedehnten Waldgebiete, ist jeder dritte europäische Storch zu Hause. Die alpinen Spitzen

des Tatra-Gebirges, die Koppen der Sudeten und Karpaten bieten großartige Wandermöglichkeiten.

Die Polen sind stolz auf ihre Geschichte und ihren Freiheitsdrang, deshalb haben sie die meisten Städte nach den Zerstörungen des Zweiten Weltkriegs in ihrer alten Pracht mühsam wieder aufgebaut. Wer heute durch die Rechtstadt von Danzig schlendert, kann es kaum glauben, dass fast alle Gebäude 1945 Ruinen waren.

Die polnischen Großstädte blicken fast alle auf eine wechselvolle Geschichte zurück, in der sie mal zu Polen, mal zu Preußen, doch auch zu Böhmen, Österreich, Schweden oder zum Deutschen Ordensstaat gehörten. Die verschiedenen Herrscher haben zu ihrer im Mittelalter begonnenen Verschönerung mit prachtvollen Bauwerken beigetragen.

Kunst und Kultur spielen eine wichtige Rolle, jede Großstadt bietet eine große Vielfalt an Theateraufführungen und Gemäldeausstellungen, an Konzerten und Folklorefesten. Krakau, die alte Hauptstadt Polens, wurde im Jahr 2000 als europäische Kulturhauptstadt gefeiert. Breslau folgte 2016. Auch Warschau hat sein graues sozialistisches Gesicht abgestreift und entwickelt sich zu einer boomenden Wirtschaftsmetropole. In Danzig, Stettin, Breslau und Posen sind viele Spuren der hanseatischen und preußischen Vergangenheit zu entdecken.
Witamy w Polsce!

Der Hafen von Danzig, der Königin der polnischen Ostseestädte

Daten zur Landesgeschichte

10. Jh. v. Chr.	Vorfahren der Slawen siedeln auf dem Gebiet des heutigen Polen.
966	Der Piasten-Herzog Mieszko I. begründet den polnischen Staat mit der Hauptstadt in Poznań (Posen) und tritt zum lateinischen Christentum über. Zwei Jahre später wird Posen Bischofssitz.
1000	Die Christianisierung Polens schreitet voran, Kraków (Krakau) und Wrocław (Breslau) werden zu Bistümern erklärt.
1025	Bolesław I. Chrobry (Der Tapfere) schließt Mähren, Pommern und Lausitz dem neuen Staat an und wird zum ersten König Polens gekrönt. Der deutsche Kaiser Otto III. erkennt die Krönung an.
1038	Dank seiner Lage an der Kreuzung wichtiger Handelswege gewinnt Krakau politisch und wirtschaftlich an Bedeutung. Der König verlegt seinen Hauptsitz an die Weichsel.
11.–13. Jh.	Nach Erbstreitigkeiten zerfällt Polen in mehrere Fürstentümer.
1226	Konrad, der Herzog von Masowien, ruft den Deutschen Orden ins Land, um das Grenzgebiet zu den heidnischen Preußen (Pruzzen) zu sichern. Die Rittermönche besiegen die Preußen und bauen einen eigenen Staat auf, der schon bald Krieg gegen Polen führt.
1241	Mongolen verwüsten Südpolen, brennen Kraków (Krakau) nieder. Bei Legnica (Liegnitz) besiegen sie das polnisch-deutsche Heer unter dem schlesischen Herzog Heinrich (Henryk).
1333	Kazimierz Wielki (Der Große) besteigt den polnischen Thron und vereinigt wieder die meisten Fürstentümer.
1335	Böhmen erobert Wrocław (Breslau) und auch Schlesien.
1364	Kazimierz gründet die Universität in Kraków (Krakau). Sie zieht schnell viele berühmte Gelehrte aus ganz Europa an.

Holzschnitt von Breslau/Wroclaw aus der Scheldelschen Weltchronik (1493)

1386	Polens Königin Jadwiga (Hedwig) aus dem Haus Anjou heiratet den litauischen Großfürsten Jagiełło. Als Władysław II. gründet er das polnisch-litauische Doppelreich.
Ende 14. Jh.	Die »Schwarze Madonna von Tschenstochau« zieht seit Ende des 14. Jahrhunderts Pilger aus dem Königreich Polen, aus Preußen, Schlesien und Ungarn nach Tschenstochau/ Częstochowa.

Die »Schwarze Madonna von Tschenstochau« gilt als die heiligste Relique Polens

1410	Schlacht bei Tannenberg (Grunwald). Der Deutsche Orden wird zum ersten Mal von dem polnisch-litauischen Heer besiegt.
1466	Der Thorner Frieden *(Pokój Toruński)* beendet den 13-jährigen Krieg. Der deutsche Orden tritt den größten Teil seines Territoriums (Ostpreußen) an Polen ab.
1493	Polen ist Adelsrepublik. In Piotrków findet die erste Sitzung des Reichstags *(Sejm)* statt, dem Adelsvertreter angehören. Der König behält die Exekutivgewalt.
1506	Unter der Herrschaft von Zygmunt I. Stary (Der Alte) erlebt das polnisch-litauische Doppelreich sein Goldenes Zeitalter. Es erstreckt sich von der Ostsee bis zum Schwarzen Meer. Die Stadt Danzig, die das Monopol auf den Handel mit Polen genießt, erblüht.
1526	Wrocław (Breslau) wird österreichisch.
1543	Mikołaj Kopernik (Nikolaus Kopernikus) veröffentlicht sein Werk, in dem er beweist, dass die Erde um die Sonne kreist. Später verbietet die kirchliche Inquisition das Buch wegen Ketzerei.
1569	In Lublin wird die staatliche Einheit von Polen und Litauen besiegelt.
1572	Die Jagiellonen-Dynastie stirbt aus, in Polen wird die Wahlmonarchie eingeführt. Ein Jahr später wird der erste König durch den Adel *(szlachta)* gewählt. Die Vollmachten des Wahlkönigs werden zunehmend eingeschränkt.
1596	König Zygmunt III. aus dem schwedischen Geschlecht Wasa verlegt die Hauptstadt Polens nach Warschau.

Kopernikus-Statue in Thorn

1610–12	Besetzung Moskaus durch polnische Truppen.
1648	Ein Kosakenaufstand in der Ukraine erschüttert das Reich und leitet den militärischen und politischen Niedergang des Landes ein.

1652	Erstes Liberum Veto. Das Veto-Recht ermöglicht den Adligen, die Entscheidungen des Reichstags zu blockieren.
1655	Schweden fallen im Dreißigjährigen Krieg in Polen ein und verwüsten das Land.
1667	Nach einem Krieg mit Russland muss Polen die Ostukraine mit Kiew an Moskau abtreten.

Porträt des Königs Jan III. Sobieski (1629–1696)

1683	Letztes Aufbäumen: König Jan III. Sobieski schlägt die Türken bei Wien und rettet das christliche Abendland.
1697	Der Wettiner-Herrscher, August II. von Sachsen, übernimmt den polnischen Thron.
1772	Erste Teilung Polens durch Russland, Preußen und Österreich. Polen verliert mehr als ein Drittel seines Territoriums.
1791	Die Verabschiedung einer modernen Verfassung kann den Niedergang des polnischen Staates nicht mehr aufhalten.
1793	Zweite Teilung Polens.
1795	Nach der Niederschlagung des Aufstands unter Tadeusz Kościuszko wird Polen zum dritten Mal aufgeteilt und verschwindet als unabhängiger Staat von der Landkarte Europas.
1810	Geburt des Komponisten Fryderyk Chopin. Seine Polonaisen und Masurkas machen die polnische Musik in Europa bekannt.
19. Jh.	Polen kämpfen an der Seite Napoleons, der zeitweilig das Herzogtum Warschau ausruft, gegen die Teilungsmächte. Nach der Niederlage gibt es mehrere erfolglose Aufstände: 1830 und 1863 gegen Russland, 1846 und 1848 gegen Preußen. Moskau und Berlin reagieren mit Repressionen.
1905	Der polnische Schriftsteller Henryk Sienkiewicz bekommt für seinen Roman »Quo Vadis« den Nobelpreis für Literatur. Der Roman handelt von der Christenverfolgung im antiken Rom.
1918	Nach 123 Jahren erlangt Polen die Unabhängigkeit wieder. Józef Piłsudski stellt sich an die Spitze des neuen Staates, der 1920 Krieg gegen die Sowjetunion führt. Der Sieg bei Warschau über die anrückende Rote Armee setzt dem Vormarsch des Kommunismus nach Westen ein vorläufiges Ende.

Das Wappen Polens 1927–39

1939	Am 1. September fallen deutsche Truppen in Polen ein. Am 17. September besetzt die Rote Armee den Osten des Landes. Hitler und Stalin haben sich zuvor auf die Aufteilung ihrer Einflusssphären in einem Pakt geeinigt.

Denkmal für den jüdischen Aufstand im Warschauer Ghetto im Jahr 1943

1943 Der Widerstand der Untergrundkämpfer nimmt zu. Die Warschauer Juden beginnen den Ghetto-Aufstand, der blutig unterdrückt wird.

1944 Der Aufstand der polnischen Untergrund-Armee in Warschau wird nach zwei Monaten von den Deutschen niedergeschlagen, die Stadt danach vollständig evakuiert und planmäßig zerstört. Die Sowjetarmee schaut dem Treiben der Deutschen vom anderen Weichsel-Ufer tatenlos zu.

1945 Sechs Millionen Tote hat Polen als Folge des Krieges zu beklagen. In Potsdam wird die Westverschiebung des Landes von den Siegermächten beschlossen. Polen muss den ganzen Osten an die Sowjetunion abtreten, bekommt dafür die ehemaligen deutschen Ostgebiete östlich von Oder und Neiße. Per Saldo verliert Polen etwa 20 Prozent des Territoriums. Die Vertreibung der deutschen Bevölkerung aus den Oder-Neiße-Gebieten beginnt. Den Platz der Deutschen in Wrocław (Breslau), Gdańsk (Danzig), Poznań (Posen) und Szczecin (Stettin) nehmen die polnischen Zwangsaussiedler aus den von den Sowjets besetzten Städten Lwów, Grodno und Wilno ein.

1948 Mit tatkräftiger Hilfe aus Moskau wird in Polen ein stalinistisches Regime etabliert. Antikommunisten und Oppositionelle werden ermordet oder ins Gefängnis gesteckt.

1956 Erste Unruhen in Posen gegen die kommunistische Herrschaft.

1968 Kommunisten schüren eine antisemitische Kampagne, die zur Emigration vieler jüdischer Intellektueller führt.

1970 Arbeiterunruhen an der Ostsee. Willy Brandt besucht Warschau und kniet vor dem Ghetto-Denkmal nieder. Beginn der Aussöhnung mit Deutschland.

1976 Arbeiterunruhen in Warschau und Radom, Gründung des regimekritischen Komitees zur Verteidigung der Arbeiter (KOR).

1978 Der polnische Kardinal Karol Wojtyła wird Papst Johannes Paul II. (Jan Paweł II.). Er ermutigt seine Landsleute zum Widerstand gegen den Kommunismus.

1980	Nach wochenlangen Streiks stimmt das kommunistische Regime schließlich der Gründung der ersten unabhängigen Gewerkschaft im Ostblock zu, den Vorsitz übernimmt Lech Wałęsa. »Solidarność« drängt auf die Einführung des Mehrparteiensystems und freie Wahlen.

Das Wappen der »Solidarność«

1981	Polens KP-Chef, General Wojciech Jaruzelski, verhängt das Kriegsrecht und verbietet die »Solidarność«. Tausende Mitglieder werden interniert. Wirtschaftlich steht das Land vor dem Zusammenbruch.
1989	Die »Solidarność« wird wieder zugelassen und gewinnt die ersten teilweise freien Parlamentswahlen. Die erste nicht kommunistische Regierung nach dem Krieg wird eingeschworen, die vom »Solidarność«-Vordenker Tadeusz Mazowiecki geführt wird. Polen leitet marktwirtschaftliche Reformen ein.
1990	Das vereinte Deutschland erkennt die Oder-Neiße-Grenze als Westgrenze Polens an. Ein Jahr später wird ein Nachbarschaftsvertrag unterzeichnet.
1999	Polen tritt zusammen mit Ungarn und Tschechien der Nato bei.
2000	Krakau wird europäische Kulturhauptstadt.
2003	Polen unterstützt die USA bei ihrem Irak-Feldzug mit rund 2000 Soldaten.
2004	Mit neun anderen mittelost- und südeuropäischen Staaten tritt Polen der Europäischen Union bei. Das Ereignis wird als das Ende der europäischen Teilung gefeiert. Als Währung bleibt aber weiterhin der Złoty erhalten. Die Vor- und Nachteile der Gemeinschaftswährung werden intensiv diskutiert.
2008	Polen ist dem Schengenabkommen beigetreten, die Grenzkontrollen zwischen Deutschland und Polen werden abgeschafft. Polen zieht seine Kampftruppen aus dem Irak ab.
2009	Polens Wirtschaft ist die einzige in Europa, die in der Krise wächst – um 1,5 Prozent.
2010	Im April stürzt beim russischen Smolensk das Flugzeug des polnischen Präsidenten ab. An Bord: Lech Kaczyński mit Ehefrau sowie 94 Politiker, Armeegeneräle und führende Staatsfunktionäre. Sie waren auf dem Weg nach Katyn, um der dort 1940 ermordeten polnischen Offiziere zu gedenken.
2011	Polen ist der größte Empfänger der EU-Finanzhilfen. Die Mitte-Rechts-Regierung der Platforma Obywatelska (Bürgerplattform) von Donald Tusk setzt sich für die Vertiefung der EU-Integration ein. Außenminister Radoslaw Sikorski ruft Deutschland auf, mehr Führung bei der Bewältigung der Wirtschaftskrise in einigen EU-Ländern zu übernehmen: »Deutsche Macht fürchte ich heute weniger als deutsche Untätigkeit.«
2012	Polen richtet gemeinsam mit der Ukraine die Fußballeuropameisterschaft aus. Tausende Kilometer Straßen und Eisenbahnlinien werden modernisiert und ausgebaut. Die

Nationalmannschaft verliert gegen Deutschland und scheitert in der Gruppenphase.

2013 Polen verdrängt Spanien als zehntgrößten Markt für deutsche Exporte. Die politische und wirtschaftliche Zusammenarbeit mit Deutschland wird immer enger.

2014 Letzte polnische Soldaten der ISAF-Mission verlassen Afghanistan.

Ministerpräsident Donald Tusk tritt zurück und wird Präsident des Europarats in Brüssel.

2015 Mit der Unterstützung der nationalkonservativen Partei Recht und Gerechtigkeit PiS von Jaroslaw Kaczyński wird der konservative Politiker Andrzej Duda im Juni zum Präsidenten gewählt.

Die PiS gewinnt auch die Parlamentswahl im Oktober, sie erreicht die absolute Mehrheit.

Polen weigert sich, die muslimischen Flüchtlinge aufzunehmen, und lehnt Angela Merkels Immigrationspolitik ab.

2016 Die PiS-Regierung schränkt die Unabhängigkeit des Verfassungstribunals ein und führt die direkte Kontrolle der staatlichen Medien ein. Die EU zeigt sich besorgt über die »Einschränkung der Demokratie«, verzichtet aber auf Sanktionen.

Kaczyński versucht, den Mythos Lech Wałęsa zu demontieren. Die Behörden veröffentlichen Dokumente, die belegen, dass Wałęsa als junger Mann eine Zeitlang für die polnische Stasi gearbeitet hat.

2017 Die Visegrád-Staaten Polen, Ungarn, Tschechien und die Slowakei lehnen eine Vertiefung der EU-Integration ab und verweigern die Aufnahme von Flüchtlingen.

2019 Polen erlebt ein Goldenes Zeitalter, die Wirtschaft boomt, das Land holt den Entwicklungsrückstand zur EU auf. Die PiS profitiert und festigt ihre Macht. ■

Fanmeile in Breslau während der Fußballeuropameisterschaft 2012, die von Polen und der Ukraine gemeinsam ausgerichtet wurde

Ein Rundgang durch die polnische Hauptstadt

Vormittag

Schlossplatz – Königsschloss – Altstadt – Kathedrale des hl. Johannes – Altstadtmarkt – Historisches Museum – Treppengasse – Barbakan – Neustadt.

Mittag

Königsweg – St. Anna-Kirche – Palac Namiestnikowski – Kirche der Visitandienerinnen – Warschauer Universität – Heiligkreuzkirche – Nowy Świat. Mittagspause: Restaurant Specjaly Regionalne, Nowy Świat 44 (vgl. S. 25): Probieren Sie hier polnische Suppen oder Bigos.

Nachmittag

Nationalmuseum – Platz der Drei Kreuze – Parlament (Sejm) – Ujazdowski-Schloss – Lazienki-Park.

Warszawa ist eine boomende Großstadt, das politische und wirtschaftliche Zentrum des Landes. Über zwei Jahrzehnte nach der demokratischen Wende 1989 hat die polnische Hauptstadt ihr hässliches, kommunistisch-graues Gesicht abgelegt. Überall wachsen gläserne Bürotürme und moderne Einkaufskomplexe in den Himmel. Es fällt schwer zu glauben, dass die Stadt im Zweiten Weltkrieg fast vollständig zerstört und danach mühsam zum Leben erweckt wurde. Der Ursprung der Stadt geht auf die Legende von Wars und Sawa zurück, eine Fischerfamilie, die in der Weichsel eine Nixe fing. Für ihre Freilassung versprach sie, die Stadt zu beschützen, die das Paar zu erbauen gedachte.

Das moderne Gesicht von Warschaus Innenstadt

Der Plac Zamkowy mit dem Königsschloss auf der rechten Seite: Der Palast wurde mithilfe von Spenden aus der Bevölkerung 1984 wiederaufgebaut

Die Besichtigung beginnt in der Regel auf dem **Schlossplatz** (Plac Zamkowy) ➡ eB3/4, der auch für Warschauer ein beliebter Treffpunkt ist, denn von hier sind es nur wenige Schritte zur Altstadt, in der sich Dutzende Cafés, Restaurants und Galerien befinden. Mitten auf dem Platz steht das **Denkmal von König Zygmunt III.** aus dem schwedischen Haus Wasa, der die Hauptstadt Polens 1596 von Krakau nach Warschau verlegte. Bis dahin war Warschau eine eher unbedeutende Kleinstadt an der Weichsel. Das Denkmal, ein Werk des Bildhauers C. Molli aus dem Jahr 1644, steht auf einer 22 Meter hohen Säule.

An der Ostseite des Schlossplatzes erhebt sich das **Königsschloss** (Zamek Królewski) ➡ eB3/4, das 1526 errichtet und später mehrmals erweitert und umgebaut wurde. Hier fanden im 16. und 17. Jahrhundert die Sejm-Sitzungen des Adels statt und hier residierte nach 1918 der polnische Präsident. Während eines deutschen Bombardements im September 1939 brannte es teilweise aus, nach dem Warschauer Aufstand 1944 sprengten die deutschen Truppen die Gemäuer. Die kommunistische Regierung ließ das Schloss, das von vielen Polen als Symbol der nationalen Souveränität angesehen wird, wieder aufbauen. 1984 wurde es als Museum eröffnet. Von außen wirkt es wenig attraktiv, doch die Innenräume sind ein Meisterwerk der Rekonstruktion. In mühsamer Kleinarbeit haben Hunderte von Restauratoren die schönsten Säle detailtreu wieder entstehen lassen. Sehenswert sind vor allem die Königsgemächer und der Thronsaal, der mit weinrotem Plüsch und feinstem Blattgold ausgeschmückt ist. Gleich daneben liegt der Rittersaal, in dem sechs große Gemälde des polnisch-italienischen Malers Marcello Bacciarelli

Der rekonstruierte Thronsaal im Warschauer Königsschloss

(1731–1818) hängen, die die wichtigsten Ereignisse der polnischen Geschichte darstellen.

Im Marmorsaal sind die Porträts der polnischen Könige zu bewundern, darunter Stanisław August Poniatowski, der letzte polnische König. Beeindruckend ist der riesige Ballsaal. Im Sitzungssaal des Sejm hängt das berühmte Gemälde des Historienmalers Jan Matejko (1838–93), das die Verabschiedung der modernen Verfassung am 3. Mai 1791 zeigt.

Vom Schlossplatz führt der Weg in die **Altstadt** (Stare miasto) ➡ eA/eB3/4, die im 14. Jahrhundert entstand und im 17. Jahrhundert nach der Verlegung des Regierungssitzes nach Warschau ihre Blüte erreichte. Damals war sie von einer doppelten Wehrmauer mit Wehrtürmen umgeben, vier Tore öffneten den Weg in die Stadt. Während und nach dem Warschauer Aufstand 1944 wurde die Altstadt, in der

Der neugotische Innenraum der Johanneskathedrale in der Altstadt

sich die Aufständischen verschanzt hatten, von deutschen Truppen zerstört. Die kommunistische Regierung ließ sie bis 1952 auferstehen, 1978 wurde das Areal zum Weltkulturerbe erklärt.

Die **Kathedrale des heiligen Johannes** (Archikatedra św. Jana) ➡ eA3, die älteste Kirche Warschaus aus der ersten Hälfte des 14. Jahrhunderts, war Schauplatz wichtiger Ereignisse der polnischen Geschichte und hier wurden mehrere Könige gekrönt und vermählt. Im Dom legte der Adel am 3. Mai 1791 den Eid auf die Verfassung ab. In der Krypta befinden sich Gräber mehrerer masowischer Herzöge, Warschauer Erzbischöfe, berühmter Komponisten und Schriftsteller, darunter das des Nobelpreisträgers für Literatur Henryk Sienkiewicz. Im Sommer finden in der Kathedrale Orgelkonzerte statt.

Der **Altstadtmarkt** ➡ eA3, wenige Schritte vom Dom entfernt, war vom 14. bis 19. Jahrhundert Mittelpunkt des öffentlichen Lebens, seine vier Seiten tragen die Namen berühmter Warschauer Bürger. Auch heute zieht er mit seinen Cafés und Restaurants, die im Sommer Tische nach draußen stellen, Warschauer wie Touristen an. An schönen Tagen verwandelt er sich in eine Open-Air-Galerie: Maler hängen ihre Bilder mit Altstadtansichten an den Häuserwänden auf, Porträtzeichner bieten ihre Dienste an, Mimen agieren auf einer kleinen Bühne, ein Leierkasten spielt und dazu rattern die Räder von Pferdekutschen auf dem Kopfsteinpflaster.

Wer mehr über Warschau erfahren will, sollte das **Historische Museum** (Muzeum Historyczne) ➡ eA3 an der Nordwestseite des Marktes besuchen. Dort werden Dokumente, Fotos, Gemälde und Gebrauchsgegenstände aus 800 Jahren gezeigt, darunter ein Film über die Zerstörung der Stadt 1944 durch die deutschen Besatzer.

Von der Altstadt kann man verschiedene Wege einschlagen. Richtung Osten fällt das Gelände relativ steil zur Weichsel ab. Hier liegt die schmale **Treppengasse** (Kamienne Schodki), das wohl populärste Motiv der Altstadtmaler. Die Dawna-Straße endet an der alten Müllhalde der Stadt, dort ließen sich im 16. Jahrhundert viele Leute bis zum Hals eingraben, weil man glaubte, dadurch Syphilis heilen zu können.

Die Nordseite des Altstädtischen Markts von Warschau

Der Barbakan von Warschau: Im Mittelalter dienten diese Bauten als Verteidigungswerke vor den Stadtmauern

Die beliebteste Route führt vom Altstadtmarkt nach Norden. Über die schöne **Torburg Barbakan** ➡ eA3 von 1548, die sich im Sommer in den Händen von Souvenirverkäufern und Malern befindet, gelangt man in die barocke **Neustadt** (Nove miasto). An der Freta-Straße stehen rechts die frühbarocke **Hl.-Jacek-Kirche** (Kościół św. Jacka), ein Werk italienischer Baumeister aus dem Jahr 1638, und links die barocke **Heiliggeistkirche** (Kościół św. Ducha) aus dem 18. Jahrhundert. In der sehenswerten barocken **Kirche der Sakramentsschwestern** (Kościół SióStr Sakramentek) ➡ eA3 von Tylman van Gameren aus dem Jahr 1688 auf dem Neustädtischen Markt befindet sich die Grabkapelle der Königsfamilie Sobieski.

Nach dem Besuch in der Alt- und der Neustadt kehrt man am besten zum Schlossplatz zurück, wo der **Königsweg** (Trakt Królewski) beginnt, die von Sehenswürdigkeiten, Restaurants und Bars gesäumte Prachtmeile der Hauptstadt, die zur königlichen Sommerresidenz **Łazienki** im Süden der Stadt führt. Besonders schön ist das erste Teilstück des Weges, der Krakowskie Przemieście, an dem mehrere Adelspaläste und Kirchen stehen.

Gleich neben dem Schlossplatz lohnt die **St.-Anna-Kirche** (Kościół św. Anny) ➡ eB3, die Kirche der Warschauer Schüler und Studenten, einen Besuch. Von dem gotischen Bau aus dem Jahr 1453 ist nur das Presbyterium erhalten, die klassizistische Fassade und der Glockenturm sind ein Entwurf des königlichen Architekten Piotr Aigner vom 1788. Die Kirche überstand den Zweiten Weltkrieg mit nur geringen Schäden, wäre aber beinahe in den 1950er Jahren Tunnelarbeiten zum Opfer gefallen. Nur mit äußerster Mühe konnte der Bau stabilisiert werden. Vom Turm bietet sich ein hervorragender Ausblick auf Warschau.

Hinter dem Denkmal des Nationaldichters Adam Mickiewicz

St.-Anna-Kirche am Königsweg

Offizieller Sitz des Staatspräsidenten: Pałac Namiestnikowski

erhebt sich die barocke **Karmeliterkirche (Kościół Karmelitów)** ➡ eB/eC4 aus dem 17. Jahrhundert, die ebenfalls Tylman van Gameren zugeschrieben wird. An die Kirche lehnt sich das klassizistische **Pałac Namiestnikowski** von 1819, heute Sitz des Staatspräsidenten. Vor dem Palais erinnert das Reiterdenkmal an den General und Fürsten Józef Poniatowski, der an der Seite Napoleons für die Unabhängigkeit Polens kämpfte.

Hinter dem restaurierten Nobelhotel Bristol, das von vielen als das beste Hotel der Hauptstadt angesehen wird, steht die schöne spätbarocke **Kirche der Visitandienerinnen** (Kościół Wizytek) ➡ eC4. Sie gehört zu den wenigen Gebäuden der Innnenstadt, die im Zweiten Weltkrieg nicht zerstört wurden. Daran schließt sich die 1816 gegründete **Warschauer Universität** an, die in den ehemaligen Adelspalästen Czetwertyński und Tyszkiewicz residiert. Gegenüber der Universität, an der heute etwa 30 000 Studierende eingeschrieben sind, steht die große, barocke **Heiligkreuzkirche** (Kościół św. Krzyża) ➡ eD4 von 1696, in der das Herz des Komponisten Fryderyk Chopin aufbewahrt wird. Den Abschluss des Krakowskie Przedmieście bildet das Denkmal des berühmten Astronomen **Nikolaus Kopernikus**.

Auf dem Nowy Świat

Im weiteren Verlauf heißt der Königsweg **Nowy Świat**, Neue Welt. Die Straße entstand zwischen dem späten 18. und späten 19. Jahrhundert und wird von zwei- und dreistöckigen klassizistischen Häusern gesäumt, in denen früher reiche Kaufleute und Adlige lebten. Ende des 19. Jahrhunderts war Nowy Świat die lebhafteste Straße der Hauptstadt mit zahlreichen Läden und Cafés. Diesen Charakter konnte sie bis heute bewahren. Am **Nationalmuseum** (Muzeum Narodowe) ➡ eE5 vorbei gelangt man zum **Plac Trzech Krzyży** (Platz der Drei Kreuze) mit der **Alexanderkirche**, einer kleinen Nachbildung des römischen Pantheons von 1825. Von hier sind es nur etwa hundert Meter zum Rundbau des polnischen **Parlaments** (Sejm) von 1929.

Von Platz Trzech Krzyży führt eine breite Allee (Aleje Ujazdowskie) weiter nach Süden zum wieder aufgebauten **Ujazdowski-Schloss** und dem großartigen ❶ **Łazienki-Park** ➡ südl. eF5. Die 80 Hektar große Anlage aus dem 18. Jahrhundert gehört zu den schönsten Parks in Europa. 1764 kaufte der letzte polnische König Stanisław August Poniatowski das Anwesen und baute es zu seiner Sommerresidenz um. Das kleine, charmante Palais auf einer künstlich angelegten Insel mitten im Park wurde von Domenico Merlini entworfen. Rund 20 Jahre dauerten die Bauarbeiten und das Ergebnis ist ein Kleinod des polnischen Klassizismus. Der König konnte sich seiner Perle aber nicht lange erfreuen. Zwei Jahre nach der Fertigstellung musste er nach der dritten Teilung Polens das Land verlassen. Nach 1945 wurde das Palais, in dessen Palasträumen heute Möbel, Gemälde und Skulpturen zu besichtigen sind, sorgfältig rekonstruiert.

Im Park befinden sich noch andere sehenswerte Bauwerke wie die Alte Orangerie, das Weiße Haus, das Myślewicki-Palais und das Amphitheater. Die alte **Orangerie**, in der die Palmen des Parks überwintern, wurde nach Plänen von Domenico Merlini 1786–88 erbaut und beherbergt eine Skulpturengalerie. Das **Weiße Haus** war das erste von Stanisław August Poniatowski 1774–76 in Auftrag gegebene Gebäude in Łazienki, das **Amphitheater** wurde dem antiken Bau von Herculaneum, der Nachbarstadt Pompejis, nachempfunden.

Ein weiteres Wahrzeichen von Łazienki ist das Denkmal von **Fryderyk Chopin**, an dem im Sommer Klavierkonzerte stattfinden. Im klassizistischen **Belvedere-Palast** nahe dem Haupteingang befindet sich ein Museum des polnischen Staatsgründers Józef Piłsudski und gegenüber dem Park die Kanzlei des Ministerpräsidenten. ■

Der Łazienki-Palast wurde auf einer künstlichen Insel errichtet

Service-Informationen Warschau/Warszawa

Warschauer Touristenkarte

Die Karte, die für 72 Stunden 199/139 (bis 16 J.) zł kostet, berechtigt zum freien Eintritt in 20 Museen. Enthalten sind ferner Rabatte in Kunstgalerien, Hotels, Unterhaltungs- und Erholungszentren, Restaurants, Nachtclubs und Geschäften. Die Karte ist online erhältlich (www.warsawpass.com/order) sowie bei der Tourist Information (u. a. in der ul. Krakowskie Przedmieście 15/17, im Flufhafen Terminal A und im Palast der Kultur und Wissenschaft, pl. Defilad 1, Eingang von ul. Emilii Plater), in einigen Reisebüros und Hotels.

ⓘ Tourist Information ⇒ eA3
Rynek Starego Miasta 19/21
00-429 Warschau
✆ 22-194 31, www.warsawtour.pl

Städtische Leihfahrräder
www.veturilo.waw.pl

Centrum Nauki Kopernik/Wissenschaftszentrum Kopernikus ⇒ eC5
Wybrzeze Kościuszkowskie 20 Warschau
✆ 22-596 41 00
www.kopernik.org.pl
Wissenschaftszentrum Di–Fr 9–18, Sa/So 10–19 Uhr, im Sommer länger, Planetarium Di–Do 9.30–20, Fr 9.30–21.30, Sa/So 10.30–20 Uhr, im Sommer länger
Eintritt Ausstellungen 31/21 zł, 3-D-Vorführung 27/21 zł

Wissenschaft zum Anfassen, sieben permanente Ausstellungen, Workshops, Planetarium. Hervorragend für Kinder und Jugendliche geeignet. Im Sommer mit Dachgarten.

Muzeum Fryderyka Chopina/ Fryderyk Chopin Museum ⇒ eD5
ul. Okolnik 1, Warschau
✆ 22-441 62 51
www.muzeum.nifc.pl
Tägl. außer Mo 11–20 Uhr
Eintritt 22/13 zł, So frei
Das äußerst moderne Museumshaus wurde 2010 zum 200. Geburtstag des großen Komponisten eröffnet. Ausgestellt sind Gegenstände, die Chopin gehört haben sollen, seine Briefe und sogar getrocknete Blumen von seinem Totenbett.

Wissenschaft hautnah erleben im Centrum Nauki Kopernik

🏛👁🎵 Muzeum Historii Zydow Polskich/Museum der Geschichte der polnischen Juden ➡ eA1

ul. Anielewicza 6, Warschau
✆ 22-471 03 01, www.polin.pl
Mo, Do/Fr 10–18, Mi, Sa/So 10–20 Uhr, Eintritt Ausstellung 25/15 zł
Die permanente Ausstellung zur Geschichte und Kultur der polnischen Juden befindet sich in einem spektakulären Neubau, entworfen von finnischen Architekten. Er beherbergt auch einen Konzert- und Kinosaal sowie Konferenzräume.

🏛 Muzeum Historyczne/ Historisches Museum ➡ eA3

Rynek Starego Miasta 28–42 Warschau
✆ 22-277 44 02
www.muzeumwarszawy.pl
Di–So 10–17 Uhr, Eintritt 20/15 zł
In den rund 60 Sälen werden die wichtigsten Ereignisse der Stadtgeschichte dokumentiert.

🏛 Muzeum Narodowe/ Nationalmuseum ➡ eF5

al. Jerozolimskie 3, Warschau
✆ 22-621 10 31, 629 30 93
www.mnw.art.pl
Di–So 10–18, Fr bis 21 Uhr
Eintritt 20/12 zł, Sonderausstellungen 20/15 zł, Di frei
Trotz des Verlustes vieler Kunstschätze im Zweiten Weltkrieg hat das wichtigste Museum von Warschau immer noch eine erstaunliche Kollektion. Vor allem die Sammlung der polnischen Moderne vom Ende des 19./Anfang des 20. Jh. ist exzellent. Die wichtigsten Namen: Stanisław Ignacy Witkiewicz, Jan Cybis, Tadeusz Makowski, Leon Chwistek, Stanisław Wyspiański, Olga Boznańska.

🏛 Muzeum Powstania Warszawskiego/Museum des Warschauer Aufstandes

➡ westl. eD1
ul. Grzybowska 79, Eingang: ul. Przyokopowa 28, Warschau

Im Museum der Geschichte der polnischen Juden

✆ 22-539 79 05
www.1944.pl
Tägl. außer Di 10–18, Do bis 20 Uhr, Eintritt 25/20 zł
Das interaktive Museum, das 2004 zum 60. Jahrestag des Warschauer Aufstands eröffnet wurde, zeigt auf 2000 m² neben Waffen und Uniformen der Aufständischen Fotos und Videoaufnahmen, die während des Aufstands gedreht wurden. In vielen Sälen läuft ein Tonband mit Maschinengewehrsalven und Bombenexplosionen.

👁 Kościół Sióstr Wizytek/Kirche der Visitandienerinnen ➡ eC4

Krakowskie Przedmieście 34 Warschau
✆ 22-826 65 85
www.wizytki.waw.pl

Kirche der Visitandienerinnen

Das Denkmal vor der 1725–68 erbauten Barockkirche erinnert an den polnischen Kardinal Stefan Wyszyński, der die katholische Kirche gegen die Angriffe des kommunistischen Regimes nach dem Krieg verteidigte.

**Ⓒ Kościół św. Anny/
St.-Anna-Kirche** ➡ eB3
Krakowskie Przedmiście 68
Warschau
✆ 22-826 89 91
www.swanna.waw.pl
Sehenswert ist die Rokoko-Ausstattung der Innenräume: vergoldete Altäre, farbige Skulpturen der Heiligen, großflächige Fresken.

**Ⓒ Kościół św. Krzyża/
Heiligkreuzkirche** ➡ eD4
Krakowskie Przedmieście 3
Warschau
✆ 22-826 89 10, www.swkrzyz.pl
An der Eingangstreppe steht eine steinerne Christusfigur mit Kreuz. Die Urne mit dem Herzen von Fryderyk Chopin ist in einer Säule im linken Schiff eingemauert. Gleich

daneben befindet sich die Urne mit dem Herzen des Nobelpreisträgers für Literatur, Władysław Reymont.

**Ⓒ🖼️🏛️🔭🐾🎵 Pałac Kultury i
Nauki/Palast der Kultur und
Wissenschaft** ➡ eE2
pl. Defilad 1, Haupteingang an der Ostseite, Warschau
✆ 22-656 73 82, 656 76 00
www.pkin.pl
Tägl. 10–20, im Sommer Fr/Sa bis 23 Uhr, Aussichtsplattform Eintritt 20/15 zł
Der Palast gilt als Klassiker des sozialistischen Realismus. Der stalinistische Zuckerbäckerpalast ist mit 234,5 m das höchste Gebäude Polens. Es wurde 1952–55 als Geschenk der Sowjetunion an Polen erbaut. In dem riesigen Moloch soll es 3288 Säle geben, darunter auch vier Theater, drei Kinos, zwei Museen, ein Hallenbad, eine Sporthalle und einen Konzertsaal für 3500 Besucher. Von der Plattform im 30. Stockwerk bietet sich eine tolle Aussicht auf die Stadt.

Der Kultur- und Wissenschaftspalast (erbaut 1952–55) in Warschau überragt heute noch die modernen Wolkenkratzer

Gemäldesammlung in den prächtigen Räumen des Wilanów-Palasts

Wilanów-Palast
➡ südl. eF5
ul. Stanisława Kostki-Potockiego 10/16, Warschau
Mit Buslinie 180
☎ 22-544 27 00
www.wilanow-palac.art.pl
Im Sommer Mo, Mi, Sa/So 9.30–18, Di, Do/Fr 9.30–16, im Winter Mo, Mi–Sa 9.30–16 Uhr
Eintritt Palast 20/15 zł, Park 5/3 zł, Do frei
Die königliche Residenz wurde 1681–96 von Jan III. Sobieski als Sommerresidenz erbaut. Umgeben von einem reizvollen Park hat Wilanów die Teilungen, Kriege und fremde Besatzungen relativ unbeschadet überstanden – eine Seltenheit in Polen. Der Palast verbindet Elemente des europäischen Barocks mit typisch polnischen Bautraditionen. Heute beherbergt Wilanów eine Kunstsammlung, zu der Gemälde von polnischen und europäischen Künstlern vom 16. bis 19. Jh., Möbel, antike Skulpturen, etruskische Vasen, fernöstliche Kunst, Waffen, Porzellan und Keramik gehören.

Zamek Królewski/ Königsschloss ➡ eB3/4
pl. Zamkowy 4, Warschau
☎ 22-355 51 70
www.zamek-krolewski.pl
Mai–Sept. Mo–Sa 10–18, So 11–18, Okt.–April Di–Sa 10–16, So 11–16 Uhr
Eintritt Hauptschloss 30/20 zł, So frei, Führung Deutsch 100 zł
Residenz der polnischen Könige bis ins 18. Jh.

Zamek Ujazdowski/ Ujazdowski-Schloss ➡ südl. eF5
al. Ujazdowskie 6, Warschau
☎ 22-628 12 71
www.u-jazdowski.pl
Di–Do, So 11–18, Fr 12–20, Sa 10–19 Uhr, Eintritt 12/6 zł, Do frei
Das Schloss aus dem 17. Jh. liegt malerisch auf dem hohen Weichselufer. Es wurde erst in den 1980er Jahren wieder aufgebaut und beherbergt heute das Zentrum der Gegenwartskunst, das wechselnde Ausstellungen der führenden polnischen und internationalen Künstler organisiert.

Bulwary Wiślane/ Weichsel-Promenade
Die Stadt wendet sich dem Fluss zu: 2017 öffnete die neue Weichsel-Promenade, die das Centrum Nauki Kopernik (Wissenschaftszentrum Kopernikus) mit dem Park Fontan (Springbrunnen-Park)

Beliebtes Ziel für Jogger und Spaziergänger: die Weichselpromenade

verbindet. 367 Düsen sind in einem Wassertank von 3000 m² angebracht (Shows Fr/Sa um 21 Uhr). Die Promenade zieht zahlreiche Spaziergänger, Jogger und Landschaftsliebhaber an.

🏖 **La Playa** ➡ nördl. eA5
ul. Wybrzeze Helskie 1/5, Warschau
✆ 608-55 23 36, www.laplaya.pl
Mo–Do 16–22, Fr 16–5, Sa 12–5, So 12–1 Uhr
Die britische Zeitung »The Guardian« zählt die Weichsel-Strände in Warschau zu den besten urbanen Flussstränden Europas. Unter Warschauern am beliebtesten ist La Playa, wo im Sommer jeden Abend eine Party zu Latino-Klängen steigt.

Ebenfalls beliebt sind: Plaża (Strand) Poniatówka und Plaża Saska Kępa.

🌳🏛 ❶ **Łazienki-Park/**
Łazienki Królewskie ➡ südl. eF5
Agrykola 1, Warschau
✆ 22-506 01 83, 506 00 28
www.lazienki-krolewskie.pl
Museum tägl. 10–18, Mo bis 14 Uhr, Park tägl. 7–20, im Sommer bis 21 Uhr
Eintritt 25/18 zł (Museum), 45/30 zł (alle Objekte; ein Tag)
Einer der schönsten und stimmungsvollsten Parks Polens, mit kleinem Palais, in dem historische Möbel und Gemälde ausgestellt sind.

Das klassizistische Opernhaus in Warschau

🎭🏛 **Teatr Wielki – Opera**
Narodowa ➡ eC3
pl. Teatralny 1, Warschau
✆ 22-692 02 00
www.teatrwielki.pl
Besichtigung nach Vereinbarung
(ekrahel@teatrwielki.pl)
Eintritt 30/20 zł

Die wichtigste Adresse in Warschau für alle Opern-Fans. Das Gebäude von 1965 ist dem alten klassizistischen Opernhaus von 1833 nachempfunden. Im Saal haben 1900 Zuschauer Platz, der erste Stock beherbergt ein Theatermuseum.

☒ Atelier Amaro → südl. eF5
ul. Agrykola 1, Warschau
✆ 22-628 57 47, 607-97 00 00
www.atelieramaro.pl
Di–Fr 12–14.30, Mo–Sa 18–22.30 Uhr (letzte Bestellung)
Das erste Restaurant in Polen, das einen Michelin-Stern bekam. Amaro bedient sich alter polnischer Rezepte und fügt sie neu zusammen. Zwei Menü-Varianten. €€€€

☒ Belvedere → südl. eF5
ul. Agrykoli 1 (Anfahrt über ul. Parkowa), Warschau
✆ 22-558 67 01
www.belvedere.com.pl
Mo–Sa 12–16 und 18–23, So 12–20 Uhr
Restaurant in der Neuen Orangerie im Łazienki-Park. €€€€

☒ U Fukiera → eA3
Rynek Starego Miasta 27 Warschau
✆ 22-831 10 13
www.ufukiera.pl
Tägl. 12–24 Uhr
Eines der bekanntesten Warschauer Restaurants mitten in der Altstadt. Hervorragende polnische Gerichte. €€€€

☒ Specjaly Regionalne → eE4
Nowy Świat 44, Warschau
www.specjalyregionalne.pl
Tägl. 12–23.30 Uhr
Das Haus serviert Spezialitäten aus den verschiedensten Regionen Polens. €€

☒ Złote Tarasy Einkaufszentrum → eE2
Złota 59, Warschau
✆ 22-222 00 00
www.zlotetarasy.pl
Tägl. 9–22, So bis 21 Uhr
Direkt hinter dem Hauptbahnhof gelegen. Neben vielen polnischen und ausländischen Markengeschäften befinden sich hier auch Kinos und Fastfood-Restaurants.

☒ First Warsaw Golf and Country Club → E7
ul. Golfowa 44, Rajszew Jabłonna/Warschau
✆ 530-57 74 77
www.firstwarsaw.pl
Tägl. 8–19 Uhr
Der bekannteste Warschauer Golfclub. ■

Das Einkaufszentrum Złote Tarasy (Goldene Terrassen) in der Innenstadt

Reiseregionen, Orte und Sehenswürdigkeiten

Masowien und Lodsch/ Mazowsze und Łódź

Mit Masowien assoziiert man gemeinhin ein landwirtschaftlich geprägtes Land mit Bauernkaten, Heuhaufen und Kopfweiden. Die Region war ein Teil des ersten Piasten-Staates, ab 1138 allerdings ein weitgehend unabhängiges Herzogtum, das an den Kriegen gegen den Deutschen Ritterorden an vorderster Front beteiligt war. 1529 fiel Masowien der polnisch-litauischen Krone zu, als 1593 Polens Hauptstadt nach Warschau verlegt wurde, erlebte die Region eine Zeit wirtschaftlicher Blüte. Nach der Teilung Polens im 18. Jahrhundert gelangte das Land unter russische Herrschaft. Es entstanden wichtige Industriezentren wie Łódź, Radom, Skierniewice oder Żyrardow.

Die Vista Points sind alphabetisch sortiert.

Białystok ➡ D9

Bis zum 19. Jahrhundert fristete Białystok das Schicksal einer unbedeutenden Provinzstadt. Erst unter der russischen Herrschaft erlebte die Stadt einen wirtschaftlichen Aufschwung und stieg zum zweitwichtigsten – nach Lodsch – Zentrum der Textilindustrie auf. Die wichtigste Sehenswürdigkeit ist der Palast der Branicki-Familie (1728–58), der Klein-Versailles genannt wird.

ℹ **Tourist Information** ➡ D9
ul. Odeska 1, Białystok
℗ 85-732 68 31, 503-35 64 82
www.podlaskieit.pl

Łódź/Lodsch ➡ F6

Die zaristisch-russische Regierung des Königreichs Polen beschloss um 1820 die Kleinstadt Lodsch zu einem Industriestandort auszubauen. Innerhalb weniger Jahre war die größte Textilmetropole

Der Palast der Branicki-Familie in Białystok, genannt »Klein-Versailles«

Einst waren die Gebäude des Einkaufs- und Kulturzentrums Manufaktura in Lodsch Fabrikhallen, in denen Textilien aller Art hergestellt wurden

des damaligen Mitteleuropas entstanden, in der Paläste der Fabrikbesitzer an Arbeitersiedlungen grenzten. Von den Juden, die vor dem Zweiten Weltkrieg ein Drittel der Bevölkerung ausmachten, haben nur 900 den Nazi-Terror überlebt.

Mit 688 000 Einwohnern ist Lodsch heute die drittgrößte Stadt Polens. Eine besondere Attraktion ist die Hinterlassenschaft der industriellen Revolution, **gigantische Fabrikkomplexe** wie die Weiße Fabrik von Ludwig Geyer von 1839. Sie war die erste mechanische Baumwollspinnerei und -weberei in Polen. Heute befindet sich ein Textilmuseum in dem weißen Gebäude.

Das größte Textilwerk in Lodz gehörte dem jüdischen Industriellen Izrael Poznański. Gleich neben der Fabrik ließ er 1872–1902 einen **neobarocken Palast** erbauen, dessen Einrichtung den unglaublichen Reichtum seines Besitzers widerspiegelt. Heute befindet sich dort das Museum der Stadtgeschichte. Die alten Fabrikhallen wurden zum modernen Einkaufs- und Kulturzentrum **Manufaktura** umgebaut.

Die wichtigste **Flaniermeile** der Stadt ist die fast fünf Kilometer

lange Piotrowska. Rechts und links säumen Bürgerhäuser der reichen Fabrikanten die Straße, in die nach der Wende Modegeschäfte, Tanzklubs und Cafés eingezogen sind. Berühmt sind das mehr als 100 Jahre alte Grand Hotel und das Restaurant Esplanade mit seiner üppigen Jugendstil-Dekoration. Im mittleren Teil der Piotrowska sind Messingsterne in den Bürgersteig eingelassen, die an berühmte polnische Schauspieler und Regisseure erinnern, von denen viele an der 1948 gegründeten Filmhochschule studierten – darunter Andrzej Wajda, Roman Polański und Krzysztof Kieślowski.

ℹ️ **Tourist Information** ➡ F6
ul. Piotrkowska 87, Łódź
✆ 42-638 59 55, 42-638 59 56
www.cit.lodz.pl

🏛 **Muzeum Historii Miasta Łodzi/Museum der Stadtgeschichte** ➡ F6
ul. Ogrodowa 15, Łódź
www.muzeum-lodz.pl
✆ 42-254 90 52
Mo/Di, Do 10–16, Mi, Sa/So 12–18, Fr geschl., Eintritt 12/8 zł
Die Innenausstattung stammt aus der Zeit der Jahrhundertwende

Łowicz gilt als Zentrum polnischer Folklore

um 1900. Einzelne Räume sind berühmten Bürgern der Stadt gewidmet. Mit einer Sonderausstellung wird der Klaviervirtuose Artur Rubinstein geehrt.

🏛 Muzeum Włókiennictwa/ Textilmuseum ➡ F6
Piotrkowska 282, Łódź
✆ 42-683 26 84
www.muzeumwlokiennictwa.pl
Di/Mi, So 9–17, Do–Sa 12–19 Uhr
Eintritt 10/6 zł
Besonders interessant ist die rekonstruierte Weberei mit Maschinen vom Ende des 19. Jh.

💿 Archikatedra św. Stanisława Kostki/Basilika des hl. Stanisław ➡ F6
ul. Piotrkowska 265, Łódź
✆ 42-636 10 68
www.katedra.lodz.pl
Die Kathedrale wurde nach Plänen des Berliner Archtiekten Emil Zillman zwischen 1901 und 1912 errichtet.

💿🛏 Hotel andel's ➡ F6
ul. Ogrodowa 17, Łódź
✆ 42-279 10 00
www.viennahouse.com/en/andels-lodz/the-hotel/overview.html
Das Hotel richtete sich in einigen Hallen der Poznanski-Textilfabrik ein. Mit seinem Design, das das alte Fabrikgemäuer mit moderner Innenarchitektur verbindet, gehört es zu Polens interessantesten Hotels.

✖ Restauracja Anatewka ➡ F6
ul. 6 Sierpnia 2/4, Łódź

✆ 42-630 36 35, www.anatewka.pl
Tägl. 11–24 Uhr (bis zum letzten Gast)
Das bekannteste jüdische Restaurant der Stadt serviert koschere Fisch- und Fleischgerichte, u. a. Gänseleber, Ente mit gebratenen Äpfeln sowie Lamm- und Rinderfilets. €€

🛏🏛 Manufaktura ➡ F6
ul. Drewnowska 58, Łódź
✆ 42 664 92 89
www.manufaktura.com
Neben Markengeschäften und Outlet-Stores befinden sich dort Kletterwände und Ausstellungssäle, das Kunstmuseum ms2 und das Designhotel andel's.

Łowicz ➡ E6
Die Stadt an dem Bzura gehört zu den ältesten in Polen. Rund um den Alten Markt sind mehrere schöne Bürgerhäuser erhalten. Łowicz gilt als die Hauptstadt der masowischen Folklore, die im Stadtmuseum sowie im Freilichtmuseum außerhalb der Stadt zu sehen sind. An Fronleichnam finden Prozessionen in Volkstrachten statt.

ℹ Tourist Information ➡ E6
Stary Rynek 17, Łowicz
✆ 46-837 34 33
www.lowiczturystyczny.eu

Ausflugsziele:

🏛🌳 Skansen w Maurzycach/Freilichtmuseum Maurzyce ➡ E6
An der E-7 nach Kutno/Posen
✆ 46-838 81 20
www.muzeumlowicz.pl
Mai–Sept. tägl. 10–18, April, Okt. tägl. 10–16 Uhr, Nov.–März geschl.
Eintritt 10/6 zł
Auf der weitläufigen Wiese ist die Dorfarchitektur des 19. und frühen 20. Jh. zu sehen: Dorfkaten, Scheunen, Viehställe und Windmühlen.

🏛🕊🎵 **Żelazowa Wola Dom urodzenia Fryderyka Chopina/ Chopins Geburtshaus** ➡ E6

Żelazowa Wola 15
Sochaczew
☎ 46-863 33 00
https://muzeum.nifc.pl
April–Sept. Di–So 9–19, Okt.– März Di–So 9–17 Uhr
Eintritt 23/14 zł

Das Geburtshaus von Fryderyk Chopin beherbergt heute ein Museum und ist von einem Landschaftspark umgeben. Jeden Samstag und Sonntag von Mai bis September finden hier Klavierkonzerte statt.

🏛🕊 **Muzeum w Nieborowie i Arkadii/Museum in Nieborów und Arkadia** ➡ E6

Nieborów
☎ 46-838 56 35
www.nieborow.art.pl
März/April, Okt. Di–So 10–16, Mai/Juni tägl. 10–18, Juli–Sept. Mo–Fr 10–16, Sa/So 10–18 Uhr
Eintritt 30/20 zł

In dem barocken Palast, der einst der Familie Radziwiłł gehörte, befindet sich ein Museum mit der Inneneinrichtung des ausgehenden 18. Jh. Der Bau ist von einem Garten in französischem Stil umgeben. Die Anlage grenzt an Arkadia, einen romantischen Park mit stimmungsvollen Pavillions mit vielen antiken Skulpturen und Reliefs.

🐾🚂 **Kampinoski Park Narodowy/ Kampinos Nationalpark** ➡ E7

ul. Tetmajera 38, Izabelin
☎ 22-722 60 01, 22-722 60 21
www.kampinoski-pn.gov.pl
Mo–Fr 7.30–15.30 Uhr

Das 40 000 ha große, von Fichten- und Mischwäldern bewachsene Areal wird oft als die grüne Lunge von Warschau bezeichnet. Der Nationalpark beginnt gleich hinter den westlichen Vororten der Metropole und liegt in einem sandigen Ur-Arm der Weichsel. Rund 300 Elche sind hier zu Hause.

Płock ➡ E6

Auf der Tumsker Anhöhe 70 Meter über der Weichsel baute man in der zweiten Hälfte des 11. Jahrhunderts eine Burg. 1075 wurde die Stadt Sitz des neu gegründeten Bistums Masowien, 1079 ließ sich der König Władysław I. Herman in der Stadt nieder – damit wurde Płock für fast 60 Jahre zur De-facto-Hauptstadt Polens. In der 1144 erbauten Kathedrale,

Das Geburtshaus von Fryderyk Chopin im ländlichen Żelazowa Wola

die im 16. Jahrhundert im Renaissance-Stil umgebaut wurde, befinden sich die Gräber der beiden Könige: von Władysław I. Herman und seinem Sohn Bolesław III. Krzywousty (Schiefmund). Von einem Ausflugsschiff auf der Weichsel sieht die Stadt besonders schön aus.

i Tourist Information ➡ E6
Stary Rynek 8, Płock
☏ 24-367 19 44
www.turystykaplock.eu

Pułtusk ➡ D7
Die Provinzstadt am Fluss Narew ist von vielen Kanälen durchzogen und wird gern als das Venedig von Masowien bezeichnet. Im Zentrum der Altstadt befindet sich ein 400 Meter langer Marktplatz, einer der längsten in Europa. In dessen Mitte schießt ein Rathausturm aus dem 15. Jahrhundert in den Himmel. In der ebenfalls aus dem 15. Jahrhundert stammenden Basilika wurden vor 20 Jahren wertvolle Deckenmalereien entdeckt. 1806 machte Napoleon hier halt.

i Tourist Information ➡ D7
ul. Rynek 41, Pułtusk
☏ 23-692 84 24

Ausflugsziele:

⊠⊟⊿⊠ **Biebrzański Park Narodowy/Nationalpark Biebrza-Flusstal** ➡ C8/9
Osowiec-Twierdza 8, Goniądz
☏ 85-738 06 20
www.biebrza.org.pl
Eintritt 10/5 zł
Das 592 km² große Schutzgebiet wurde erst 1993 eingerichtet und umfasst nahezu den gesamten Flusslauf des Biebrza, der unzählige Verzweigungen, Altarme und Sümpfe bildet. Im Park wurden über 900 verschiedene Gefäßpflanzenarten gezählt, von denen 45 vom Aussterben bedroht sind. Rund 180 Vogelarten nutzen das Biebrza-Tal auch als Brutgebiet. Der Nationalpark ist eine der wichtigsten Zwischenstationen für Zugvögel auf ihrem Weg von Afrika nach Nordeuropa.
Im Park gibt es 460 km Wanderwege. Besonders reizvoll – vor allem für Naturfotografen – ist die Erkundung per Kajak oder

Die Narew fließt idyllisch durch die Kanalstadt Pułtusk

Wisente in einem der letzten Urwälder Europas, dem Białowieża-Nationalpark

Stak-Boot. Neben den vielen Vögeln bekommt man oft auch Biber, Otter und Elche vor die Linse.

Białowieski Park Narodowy/Białowieża Nationalpark ➡ D9/10
Park Pałacowy 11, Białowieża
℡ 85-682 97 00, 85-681 29 01
www.bpn.com.pl
Tägl. 9–16 Uhr
Der letzte Flachland-Urwald Europas ist die Heimat der Wisente. Das Tier war vor 85 Jahren schon fast ausgerottet, heute zählt die Population im polnischen Teil von Białowieża über 800 Stück und wächst. Der Wisent ist das größte und schwerste Landsäugetier Europas. Männliche Tiere können eine Tonne wiegen. Bester Ausgangspunkt für die Besichtigung des Nationalparks ist das unweit der weißrussischen Grenze gelegene Urwalddorf Białowieża, wo sich auch die Nationalparkverwaltung befindet. In einem kleinen Museum kann man sich einen Überblick über die Artenvielfalt des Parks verschaffen. In der Zuchtstation (Reservat Żubrów) 2 km westlich kann man Wisente, Wölfe, Elche, Wildpferde und Wildschweine aus nächster Nähe betrachten. In Białowieża bildet der Wald vielerorts ein undurchdringliches Dickicht, das nur auf ausgewiesenen Pfaden erkundet werden darf. Der Durchschnittsalter der Bäume liegt bei 130 Jahren, viele sind über 500 Jahre alt. In 2017 beschloss die PiS-Regierung, mehr Holz in Bialowieza zu schlagen. Die Maßnahme wurde von Umweltschützern kritisiert und vom Europäischen Gerichtshof verurteilt.

Radom ➡ F7
Die Kreisstadt im Süden Masowiens blickt auf eine lange Geschichte zurück. Die erste Holzburg wurde im 10. Jahrhundert errichtet. Die gotische Kirche des hl. Waclaw (Venzeslau) stammt von 1267. König Kazimierz Wielki (der Große) ließ Ende des 14. Jahrhunderts ein neues Zentrum erbauen, die Burg und die Kościół Jana Chrzciciela (Johannes-der-Täufer-Pfarrkirche).

Tourist Information ➡ F7
ul. Traugutta 3
Radom
℡ 48-360 06 10
www.cit.radom.pl

Krakau, Kleinpolen und die Tatra/Kraków, Małopolska und Tatry

Warum sich das westslawische Volk der Vistulaner dem polnischen Verbund unter der Führung der Piasten im 10. Jahrhundert angeschlossen hat, ist bis heute nicht geklärt. Sie haben sehr schnell die Führungsrolle in dem neuen Staat übernommen. Auf ihr Betreiben wurde 1038 die Hauptstadt von Posen nach Krakau verlegt. Fünfeinhalb Jahrhunderte war das Gebiet, das sich zwischen dem Heiligkreuz-Gebirge im Norden und der Tatra im Süden erstreckt, das Herz des polnischen Staates. Nach der Teilung Polens fiel die Region an Österreich – die Zeit der k.u.k.-Monarchie hat in der Architektur deutliche Spuren hinterlassen. Nach dem Ersten Weltkrieg wurde Kleinpolen ein fester Bestandteil des neuen polnischen Staates. In Kleinpolen liegen einige der wichtigsten touristischen Attraktionen des Landes, allen voran Krakau und die Salzmine Wieliczka. Landschaftlich ist der Gebirgszug der Tatra besonders reizvoll.

Die Vista Points sind nach Krakau alphabetisch sortiert.

❷ Krakau/Kraków

Schon im 9. Jahrhundert war Krakau ➡ H/J6 ein mächtiger Fürstensitz, um 1038 wurde die Stadt offiziell zur Residenz des Königs und zur Hauptstadt des Landes. 1241 fielen Mongolen ein und zerstörten die Stadt. Nach einer Legende wurde ein Wachposten, der die Einwohner mit einem Trompetenruf vor dem mongolischen Heer warnen wollte, mit einem Pfeil getötet. Deswegen hört das Trompetenlied *(Hejnał),* das als Erinnerung an die Ereignisse von damals jede Stunde vom Turm der Marienkirche geblasen wird, mittendrin abrupt auf. Seine Blüte erlebte Krakau unter Zygmunt I. Stary (Der Alte) und Zygmunt II. August im 16. Jahrhundert. Damals holte Königin Bona Sforza, Ehefrau von Zygmunt I., berühmte italienische Renaissancekünstler nach Krakau.

Die Rote Armee nahm die Stadt, die im Zweiten Weltkrieg als Hauptstadt des deutschen Generalgouvernements fungierte, ohne Kampf ein, sodass sie der Zerstörung entging. Keine andere Stadt in Polen hat dem Besucher so viel zu bieten: über 5000 erhaltene mittelalterliche Gebäude, mehr als 30 Museen, zahlreiche private Galerien, Jazzclubs, mehrere Theater, ein angesehenes

Der Marktplatz von Krakau mit der Marienkirche

philharmonisches Orchester und eine Oper sowie mehrere bedeutende Kulturfestivals.

Der **Marktplatz** (Rynek Główny) ➡ fB2/3 gehört seit 1257 mit seinen 40 000 Quadratmetern zu den größten Anlagen Europas. Er wird durch das Renaissancegebäude der **Tuchhallen** (Sukiennice) geteilt und ist von 40 prächtigen Bürgerhäusern und Adelspalästen umgeben. Die alten Verkaufsstände wurden zu Anfang des 14. Jahrhunderts überdacht und im 16. Jahrhundert im Renaissance-Stil umgebaut und erweitert. Damals entstand auch die einmalige Attika mit ihren unverwechselbaren Fratzen. Später wurden die Tuchhallen um die Außenarkaden erweitert.

Im Grauen Haus, Nr. 6, wohnte einst Henri de Valois, für kurze Zeit König Polens, dann Frankreichs. Das Haus unter den Echsen, Nr. 8, ist für seine prächtigen gotischen Gewölbekeller – und seine Jazzkonzerte – bekannt. In »Piwnica pod Baranami«, dem Keller unter den Böcken, Nr. 27, ist seit 1956 das berühmteste Kabarett Polens zu Hause. Das Boner Haus, Nr. 9, besitzt eine schöne Attika, im Haus Nr. 15 befindet sich das Wierzynek-Restaurant, eines der berühmtesten Restaurants Polens. Vom mittelalterlichen **Rathaus** blieb nur noch der Turm erhalten, die übrigen Teile wurden Anfang des 19. Jahrhunderts abgetragen. Die Altstadt wurde 1978 von der UNESCO zum Weltkulturerbe erklärt.

An der Ostseite des Marktplatzes erhebt sich die im 13. Jahrhundert nach der Mongoleninvasion erbaute **Marienkirche** (Kościół Mariacki) ➡ fB3. Sie hat drei Längsschiffe und ein Querschiff und ist ein hervorragendes Beispiel der schwerfälligen polnischen Gotik. An der Vorderfront der Kirche ragen zwei Türme gen Himmel. Der niedrigere dient als

Gotische Architektur: Arkaden unter den Tuchhallen in Krakau

Glockenturm, von dem höheren (80 m) wird zu jeder vollen Stunde eine Trompetenmelodie *(Hejnał)* geblasen. Sieben Trompeter wechseln sich bei dieser Arbeit ab. Durch die mittelalterlichen Glasfenster gelangt nur wenig Licht in die Kirche, die mit dem berühmten gotischen Altar des Nürnberger Schnitzers Veit Stoß (1447–1553) ein Meisterwerk mittelalterlicher Kunst beherbergt. Zwölf Jahre lang hat Stoß an der Komposition gearbeitet, die Szenen vom Leben und Tod der Muttergottes, umgeben von den Aposteln, zeigt.

Im Süden grenzt Krakaus älteste Kirche, die **Adalbertkirche** (Kościół św. Wojciecha) ➡ fB/fC3 aus dem 11. Jahrhundert, an den Platz. Sie hat als einzige den Mongolensturm 1241 überstanden. Der Kirchenboden liegt heute fast zwei Meter unter dem Niveau des Marktes. Die ovale Kuppel wurde im 17. Jahrhundert ergänzt.

Im 19. Jahrhundert wurden Kraków Wehranlagen geschleift, um Platz für die Entwicklung der Stadt zu schaffen, nur das **Florianstor** (Brama Floriańska) ➡ fB3, durch das einst die Gesandten und Kaufleute auf ihrem

Weg zum Königsschloss zogen, und die Barbakan ließ man als Zeugnisse der Vergangenheit stehen. Das 1307 gebaute und im 18. Jahrhundert mit einem barocken Helm gekrönte Tor beherbergt heute eine Galerie. Die **Barbakan** – durch einen Gang mit dem Florianstor verbunden – ist mit ihren 24 Metern Durchmesser, sieben Beobachtungstürmen und rund 130 Schießscharten ein prächtiges Beispiel mittelalterlicher Wehrarchitektur.

An Stelle der Wehranlagen legten die Stadtväter im 19. Jahrhundert einen etwa vier Kilometer langen Grüngürtel (Planty) an, der Kraków's Altstadt vom Autoverkehr abschirmt und erholsame Spaziergänge ermöglicht.

Der Wawel-Hügel ➜ fD2/3

Der Bau der Burg und der Kathedrale begann unter den Piasten und wurde im 14. Jahrhundert von den Jagiellonen fortgesetzt. Zur Anlage gelangt man durch das Wasa-Tor im Norden. An der linken Seite befindet sich der Eingang zur 1320–64 erbauten dreischiffigen **Kathedrale**, die später durch 18 Kapellen und mehrere Anbauten ergänzt wurde und als Krönungsstätte und Grablege polnischer Könige diente. Besonders schön ist die von einer goldenen Kuppel überwölbte Renaissance-Kapelle mit den Sarkophagen von Zygmunt I. und seinem Sohn Zygmunt August. Auf der rechten Seite liegen die Grabmäler von Wladyslaw Jagiełło aus rotem und von Königin Hedwig/Jadwiga aus weißem Marmor. In der Heiligenkreuzkapelle beeindrucken das von Veit Stoß entworfene Grab des Kazimierz Jagiellończyk und das ausdrucksvolle Grab von Kazimierz Wielki. In den Krypten des Doms wurden viele berühmte Polen beigesetzt.

Hinter der Sakristei führt eine Treppe auf den **Zygmunt-Turm**, von dem sich ein schöner Blick auf Krakau bietet. Im Turm hängt die fast zehn Tonnen schwere größte Glocke Polens. Im Museum der Kathedrale wird unter anderem an Karol Wojtyła erinnert, der vor seiner Ernennung zum Papst hier als Bischof und Kardinal wirkte.

Ein weiteres Tor führt auf den viereckigen Innenhof des **Königsschlosses** (Zamek Królewski na Wawelu), der Anfang des 16. Jahrhunderts mit dreistöckigen Arkadengängen ergänzt wurde. Von dort gelangt man in die Königlichen Gemächer, die Schatz- und Rüstkammer sowie die privaten

Die Wawel-Burg in Krakau, wo adlige Häupter gekrönt wurden, regierten und nach ihrem Tod ihre letzte Ruhe fanden

Das ehemalige jüdische Viertel Kazimierz in Krakau ist heute ein beliebtes Ausgehviertel

Wohnräume. In der **Schatzkammer** werden wertvolle Reliquien, königliche Insignien und liturgische Gegenstände aufbewahrt. Die wertvollsten Exponate sind das Krönungsschwert Szczerbiec, die Krone von Zygmunt I. und die Lanze des heiligen Maurizius (św. Maurycy); die Sammlung der Stichwaffen in der **Rüstkammer** gilt als die beste in Polen.

Kazimierz ➡ fD/fE3/4

Kazimierz wurde 1335 von König Kazimierz Wielki als eigenständige Stadt vor den Toren Krakaus gegründet. 160 Jahre später verjagte König Jan Olbracht alle Juden aus Krakau nach Kazimierz. Sie siedelten sich rund um die **Szeroka** (Weite Straße) an und bauten ihre Synagogen gleich neben den christlichen Kirchen. Der Geist von Frieden und Toleranz herrschte in der Stadt. Davon zeugen selbst die Straßennamen: Die Fronleichnamsstraße kreuzt sich in Kazimierz mit der Rabbiner-Meisel-Straße.

In der **Synagoge Remuh** (Szeroka 40) ➡ fD4 wirkte der berühmte Talmud-Lehrer Moses Isserles, dem man Wundertaten nachsagte. Sie wurde 1553 von seinem Vater, einem Bankier des polnischen Königs, erbaut. Moses Isserles, auch Remuh genannt, war Astronom, Historiker und Philosoph. Seine Schriften haben großen Einfluss auf die osteuropäischen Askenazi-Juden ausgeübt. Zu seinem Grab auf dem benachbarten Friedhof pilgern bis heute Juden aus der ganzen Welt. In der Synagoge finden am Freitagabend und Samstagmorgen Gottesdienste statt. Besucher sind willkommen, wenn sie eine Kipa tragen. Auf dem Friedhof blieben über 700 alte jüdische Grabstellen erhalten.

Die älteste Synagoge Polens, die **Synagoga Stara** ➡ fE4 in der Szeroka 24, wurde im 15. Jahrhundert erbaut. Sie beherbergt ein Museum zu Geschichte und Kultur der Krakauer Juden. Sehenswert sind die alten Tora-Rollen und Gemälde, die Szenen aus dem jüdischen Leben darstellen. Im Erdgeschoss informiert eine Ausstellung über das Schicksal der Juden während der deutschen Besatzung.

Der Zweite Weltkrieg löschte das jüdische Leben in Kazimierz aus. Von den 70 000 Einwohnern haben nur 1200 den Holocaust überlebt. Die Kommunisten ließen Kazimierz nach dem Krieg

Leonardo da Vincis »Dame mit dem Hermelin« (1483–90) im Muzeum Czartoryskich

verfallen. Nach der Wende 1989 wurde der Stadtteil wieder aufgebaut. Heute verzaubern die schmalen Gassen die Touristen. Steven Spielberg drehte hier an Originalschauplätzen »Schindlers Liste«.

Die **Breite Straße** (Ulica Szeroka) ➡ fD/fE4, die eher einem langen Platz ähnelt, bildet das Herz des alten jüdischen Viertels, wo sich die ersten Bewohner niederließen. In die gut erhaltenen alten Häuser sind Restaurants und Cafés eingezogen, die mit ihrer Ausstattung die alte Welt wieder auferstehen lassen. Ganz Kazimierz ist heute ein boomendes Szeneviertel. Die jüdische Gemeinde Krakaus zählt etwa 180 Mitglieder.

ℹ️ **Krakau Tourist Info** ➡ fB3
Rynek Główny 1/3 und
Świętego Jana 2, 31-010 Kraków
✆ 12-354 27 16, 12-354 27 25
www.2krakow.pl, www.krakow.pl
Hier erhält man auch die Kraków Touristenkarte (2 Tage: 120 zł, 3 Tage: 140 zł, www.krakowcard.com), mit der man die öffentlichen Verkehrsmittel nutzen kann und freien Eintritt in 40 Museen hat. Zudem kann man hier die offenen Elektroautos zur Stadtbesichtigung bestellen.

🏛️ **Dom Jana Matejki/
Jana-Matejko-Haus** ➡ fB3
ul. Floriańska 41, Kraków
✆ 12-433 59 60
www.muzeum.krakow.pl
Im Sommer tägl. außer Mo 10–16, Sa bis 18 Uhr
Eintritt 15/10 zł, So frei
Das Geburtshaus des Historienmalers Jan Matejko wurde in ein Museum umgewandelt. Die Ausstellung dokumentiert das Leben und Werk des Malers, der die berühmtesten Ereignisse der polnischen Geschichte auf seinen Gemälden festhielt.

🏛️ **Gemäldegalerie des
Nationalmuseums** ➡ fB3
Rynek Główny 1/3, Kraków
✆ 12-433 54 00
www.muzeum.krakow.pl
Tägl. außer Mo 10–18, So nur bis 16 Uhr
Eintritt 25/15 zł
Im ersten Stock der **Tuchhallen** (Sukiennice) befindet sich die Galerie mit Werken von Jan Matejko, Piotr Michałowski, Józef Chełmoński und Jacek Malczewski. Vor den Tuchhallen steht das Denkmal des Dichters Adam Mickiewicz – ein beliebter Treffpunkt der Krakauer Jugend.

🏛️ **Kamienica Szolayskich/
Szolayski-Haus** ➡ fD2/3
pl. Szczepański 9, Kraków
✆ 12-433 54 50
www.muzeum.krakow.pl
Tägl. außer Mo 10–16, Sa bis 18 Uhr, Eintritt 25/15 zł
Hervorragende Sammlung der polnischen Kunst des frühen 20. Jh., darunter Werke von Stanisław Wyspiański (1869–1907), der als Maler, Zeichner, Innenarchitekt, Glasfensterbauer, Schriftsteller und Theatermacher berühmt wurde. Sehenswert sind vor allem die Porträts seiner Kinder sowie Arbeitsstudien für die Glasfenster in der Krakauer Franziskanerkirche.

🏛 **Muzeum Czartoryskich** ➡ fB3
ul. św. Jana 19, Kraków
✆ 12-370 54 60
www.mnk.pl
Tägl. außer Mo 10–18, So nur bis
16 Uhr, Eintritt 25/15 zł
Das älteste Museum in Polen wurde von der Herzogin Czartoryska
angelegt. Die wertvollsten Exponate sind da Vincis »Dame mit
dem Hermelin« und Rembrandts
»Landschaft mit dem barmherzigen Samariter«, dazu polnische
und italienische Meister sowie
eine Sammlung von Porzellangegenständen und Waffen.

🏛 **Muzeum Historyczne/
Historisches Museum** ➡ fB2/3
Rynek Główny 35, Kraków
✆ 12-619 23 35
www.mhk.pl
Tägl. außer Mo 10–17.30 Uhr
Eintritt 12/8 zł, Do frei
Im Krzysztofory-Palast aus dem
17. Jh. wird die Geschichte der
Stadt dokumentiert.

🏛 **Muzeum Narodowe/
Nationalmuseum** ➡ fC1
ul. 3. Maja 1, Kraków
✆ 12-433 55 00
www.mnk.pl
Im Sommer Di–So 10–18, So 10–
16, im Winter Di, Do, So 10–15.30,
Mi, Fr/Sa 10–18 Uhr
Eintritt Hauptausstellung 15/10 zł,
alle Ausstellungen 60/40 zł
Am besten geht man gleich in den
zweiten Stock, denn dort befindet
sich eine hervorragende Sammlung polnischer Malerei vom Anfang des 20. Jh. mit Werken von
Stanisław Ignacy Witkiewicz, Józef
Mehoffer und Stanisław
Wyspiański. Unten ist eine Waffensammlung untergebracht.

🏛 **Muzeum Podziemia Rynku/
Museum unter dem Marktplatz**
Rynek Główny 1
Kraków
✆ 12-426 50 60
www.podziemiarynku.com

April–Okt. Mo 10–20, Di 10–16,
Mi–So 10–22, Nov.–März Mo 10–
20, Di 10–16, Mi–So 10–20 Uhr
Eintritt 21/18 zł
Multimediale Installationen zeigen die Überbleibsel der Krämerläden, der ersten Tuchhallen sowie mittelalterlichen Grabfelder.

👁🏛 **Collegium Maius** ➡ fB2
ul. Jagiellońska 15, Kraków
✆ 12-663 15 21
www.maius.uj.edu.pl
Mo, Mi, Fr 10–14.20, Di, Do 10–
17.20, Sa 10–14.40 Uhr
Eintritt 12/6 zł
Die vom König Kazimierz Wielki
1364 gegründete Universität gilt
als die drittälteste in Europa. Das
gotische Collegium Maius mit seinem Arkadenhof ist der älteste
erhaltene Teil und beherbergt
neben der prachtvollen Aula auch
ein Universitätsmuseum. Dort begann 1492 auch Mikołaj Kopernik
(Nikolaus Kopernikus) seine Studien; später begründete er das
heliozentrische Weltbild, das das
damalige geozentrische ablöste.

*Der Innenhof der gotischen
Universität Collegium Maius in
Krakau*

🔘🏨 Hotel pod Różą ➡ fB3
ul. Floriańska 14, Kraków
✆ 12-424 33 00
www.podroza.hotel.com.pl
Eines der ältesten und schönsten Hotels in Polen. Hier hat 1805 Zar Alexander I. übernachtet. Die meisten Räume sind mit antiken Möbeln eingerichtet.

🔘 Kościół św. Franciszka/ Franziskanerkirche ➡ fC2
pl. Wszystkich Świętych 5, Kraków
✆ 12-422 53 76
www.franciszkanska.pl
Mo–Sa 10–16.30, So 13–16 Uhr
Mehrmals wurde die im 13. Jh. erbaute Kirche niedergebrannt und wieder aufgebaut. Ein Teil der Ausstattung wurde im 17. Jh. im barocken Stil ergänzt. Berühmt sind die acht Jugendstil-Glasfenster von Wyspiański, besonders die Komposition von Gott, dem Schöpfer.

🔘 Kościół Mariacki/ Marienkirche ➡ fB3
pl. Mariacki, Kraków
✆ 12-422 05 21, ww.mariacki.com
Kirche Mo–Sa 11.30–18, So 14–18 Uhr, Eintritt 10/5 zł, Turm im Sommer Di–Sa 9.10–11.30 und 13–17.30, So 13.10–17.30 Uhr, Eintritt 15/10 zł
Bestes Beispiel polnischer Gotik aus dem 13. Jh.

Paulinerkirche auf dem Skałkahügel von Krakau

🔘 Kościół Paulinów/ Paulinerkirche ➡ fE2
Skałeczna 15, Kraków
✆ 12-619 09 00
www.skalka.paulini.pl
Die Kirche soll an der Stelle errichtet worden sein, wo König Bolesław Smiały (Der Kühne) den Bischof Stanisław tötete. Stanisław wurde später heilig gesprochen und stieg zum Schutzpatron Krakaus auf. Zur Erinnerung an die Schandtat wird jedes Jahr eine Prozession vom Königsschloss zur Kirche veranstaltet. Der heutige barocke Bau stammt von 1733–42. In der alten Krypta sind mehrere berühmte Polen begraben, darunter der Mittelalter-Chronist Jan Długosz, der Maler Stanisław Wyspiański, der Komponist Karol Szymanowski und der Schriftsteller Józef Ignacy Kraszewski. Ein Altar im nördlichen Schiff markiert die Stelle, an der Stanislaw getötet wurde. Sein Körper soll auf dem Holzbalken gevierteilt worden sein, der sich hinter einer Glasplatte befindet.

🔘 Kościół św. Trójcy/ Dominikanerkirche ➡ fC2
ul. Stolarska 12, Kraków
✆ 12-423 16 13
www.krakow.dominikanie.pl
Die aus Bologna eingewanderten Dominikaner bauten Mitte des 14. Jh. ihre Kirche in Krakau. Die Wände des Kreuzgangs sind mit Grabplatten aus dem 16.–18. Jh. bedeckt. Dem Bildnis der Muttergottes mit Rosenkranz (Matka Boska Różańcowa) werden heilende Kräfte nachgesagt.

Wawel-Hügel ➡ fD2/3:
Hügel tägl. Juni/Juli 6–21, Mai/ Aug. 6–20, April, Sept. 6–19, März, Okt. 6–18, Nov.–Feb. 6–17 Uhr

🏛🔘 Königsschloss/ Zamek Królewski na Wawelu
ul. Wawel 5, Kraków
✆ 12-422 16 97 (Ticketreservierung,

Der arkadengesäumte Innenhof des Königsschlosses im Wawel in Krakau

empfohlen), ℘ 12-422 51 55 (Info)
www.wawel.krakow.pl
Im Schloss sind die Königlichen Gemächer und Apartements sowie die Schatz- und Rüstkammer zu besichtigen.

🏛 Königliche Gemächer/ Komnaty Królewskie

Im Sommer Di–Fr 9.30–17, Sa/So 10–17, im Winter Di–Sa 9.30–16, So 10–16 Uhr
Eintritt 25/15 zł, im Winter So frei
In den prunkvollen Räumen sind die berühmten flämischen Gobelins aus Arras, hervorragende Historiengemälde und Porträts der polnischen Könige zu sehen. Besonders interessant ist der Abgeordnetensaal (Sala Poselska): Die Kassettendecke schmücken wunderschön geschnitzte Köpfe – von den ursprünglich 194 sind leider nur noch 30 erhalten.

🏛 Private königliche Appartements/Prywatne Apartamenty Królewskie

Öffnungszeiten wie Königliche Gemächer, aber im Winter So geschl., Eintritt 27/21 zł
Die privaten Wohnräume der königlichen Familie liegen im ersten Stock des Schlosses. Sehenswert sind die Gemächer von König Zygmunt I. Stary und Königin Jadwiga.

🏛 Schatz- und Rüstkammer/ Skarbiec koronny i zbrojownia

Im Sommer Mo 9.30–13, Di–Fr 9.30–17, Sa/So 10–17, im Winter Di–Sa 9.30–16 Uhr
Eintritt 25/15 zł, im Sommer Mo frei
Ausgestellt sind wertvolle Reliquien, Insignien und Waffen.

◉ Drachenhöhle/Smocza Jama
➡ fD2

Tägl. ab 10, Juli/Aug. bis 19, Mai/Juni bis 18, April, Sept./Okt. bis 17 Uhr, im Winter geschl.
Eintritt 5 zł
In der Höhle soll einst ein Drache gelebt haben, der die Krakauer terrorisierte und Jungfrauen als Opfer verlangte. Um seine Geliebte vor diesem Schicksal zu retten, füllte ein Schusterjunge ein Schaf mit Schwefel und warf es dem Drachen hin. Danach bekam der Drache so viel Durst, dass er so lange trank bis er platzte – Krakau war gerettet.

◉ Kathedrale/ Katedra na Wawelu ➡ fD2/3
℘ 12-429 95 15/16
www.katedra-wawelska.pl
Im Sommer Mo–Sa 9–17, So 12.30–17, im Winter jeweils bis 16 Uhr, Eintritt 12/7 zł
Grablege und Krönungsstätte polnischer Könige.

39

Kazimierz:

Synagoga Remuh ➡ fD4
ul. Szeroka 40, Kraków
www.krakow.jewish.org.pl/syna
gogi
Tägl. 10–18, im Winter bis 16 Uhr
Eintritt 10/5 zł
Hier wirkte der berühmte Tal-
mud-Lehrer Moses Isserles, dessen
Grab auf dem benachbarten
Friedhof zu finden ist.

Synagoga Stara ➡ fE4
ul. Szeroka 24, Kraków
✆ 12-422 09 62, www.mhk.pl/
oddzialy/stara-synagoga
Mo 10–14, Di–So 9–17 (Nov.–März
bis 16) Uhr, Eintritt 11/9 zł
Älteste Synagoge Polens, mit Museum.

Synagoga Tempel ➡ fD4
ul. Miodowa 24, Kraków
✆ 12-429 57 35
Tägl. außer Mo 10–18 Uhr
Eintritt 10/5 zł
In der jüngsten Synagoge von Kazimierz, 1860–62 im neoromani-
schen Stil erbaut, finden Gottesdienste statt. Sehr sehenswert
sind die Glasfenster und das
Wanddekor.

Restauracja Wierzynek ➡ fC3
Rynek Główny 16, Kraków
✆ 12-424 96 00
www.wierzynek.pl
Tägl. 13–23 Uhr
Die Geschichte dieses traditions-
reichsten polnischen Restaurants
reicht bis ins Jahr 1364 zurück.
Mehrere Könige und Präsidenten
ließen sich dort schon mit traditionellen polnischen Gerichten ver-
wöhnen, darunter Fidel Castro, de
Gaulle und George Bush. €€€€

Ariel ➡ fE4
ul. Szeroka 18, Kraków
✆ 12-421 79 20
www.ariel-krakow.pl
Tägl. 9–23 Uhr
Die Einrichtung soll alte Zeiten in
Erinnerung rufen: An den Wänden hängen Porträts von bekannten jüdischen Kaufleuten, zum
Dekor gehören u. a. siebenarmige
Kerzenständer. Am Abend wird
Klezmer-Musik geboten. Koschere jüdische Küche. Die Speisekarte
ist auf Hebräisch. €€€

Klezmer Hois ➡ fD4
ul. Szeroka 6, Kraków
✆ 12-411 12 45
www.klezmer.pl

Syngagoga Tempel ist das jüngste jüdische Gotteshaus in Kazimierz

In der Kneipe wird jeden Abend jüdische Klezmer-Musik gespielt. Die bekannteste Band in Krakau heißt Kroke. Sie hat zusammen mit dem Stargeiger Nigel Kennedy eine CD produziert. €€

⬛♫ Klub Pod Jaszczurami
➡ fC3
Rynek Główny 8, Kraków
✆ 12-429 45 38, 412 75 40
www.podjaszczurami.pl
Tägl. 10–4 Uhr
Der bekannteste Studentenklub Krakaus bietet reichlich Bier und oft gute Livemusik. Das Lokal hat sich in 700 Jahre alten Gewölbekellern eingenistet – wie die meisten Kneipen, Klubs und Diskotheken in der Altstadt. Am Wochenende ist es brechend voll bei Techno- und Hip-Hop-Rhythmen.

🍷🎵 U Muniaka ➡ fB3
ul. Floriańska 3, Kraków
✆ 12-423 12 05
www.jazzumuniaka.club
Tägl. 19–2, Konzerte ab 21.30 Uhr
Seit 1992 gehört der Club zu den wichtigsten Jazz-Bühnen der Stadt. Do–Sa tritt der Boss persönlich mit seiner Band auf, hin und wieder spielen auch internationale Jazz-Größen.

📚📷 Buchhandlung Jarden/ Księgarnia Jarden ➡ fD4
ul. Szeroka 2, Kraków
✆ 12-429 13 74
www.jarden.com.pl
Tägl. 10–18 Uhr
Die Buchhandlung hat sich auf Judaica spezialisiert und bietet Führungen durch das alte Kazimierz: auf Spuren von Oskar Schindler, des deutschen Fabrikanten, der im Krieg in Krakau mehreren Hundert Juden das Leben rettete.

🏃 Royal Kraków Golf & Country Club ➡ J6
Ochmanów 124, Podłęże/Kraków

Souvenirs aus dem ehemaligen jüdischen Viertel Kazimierz

✆ 12-281 91 70
www.krakowgolf.pl
Diese Neun-Loch-Anlage wurde von einem britischen Golffeld-Architekten konzipiert und passt sich perfekt dem hügeligen Gelände an.

Ausflugsziele:

👁 Salzmine/Wieliczka ➡ J6
Anreise: Minibusse Lux-Bus vom Krakauer Busbahnhof (alle 10 Min.), Züge von Krakau-Hbf., Bus

Gemütlich: Restaurant Ariel

304 von Krakau-Hbf. (West, ul. Kurniki), Minibusse von Krakau-Hbf. (ul. Pawia)
℃ 12-278 73 02, 278 73 66
www.kopalnia.pl
Tägl. April–Okt. 7.30–19.30, Nov.–März 8–17 Uhr
Führungen auf Deutsch: Juli–Sept. 10.45, 14.15, 16.10, Okt.–Juni 10.45, 16 Uhr
Eintritt 89/69 zł, nur mit Führung, Reservierung empfohlen
Seit über 750 Jahren wird im Salzbergwerk von Wieliczka, 12 km südöstlich von Krakau, Salz abgebaut. Unter der Herrschaft der Piasten und Jagiellonen erbrachte Salz aus der königlichen Mine in Wieliczka etwa ein Drittel der königlichen Einnahmen. Doch die Bergleute schlugen auch unterirdische Kapellen, prachtvolle Altäre und menschengroße Heiligenfiguren ins Salz. Die UNESCO hat Wieliczka 1978 zum Weltkulturerbe erklärt. Schächte und Stollen des Bergwerks erreichen eine Länge von 350 km, insgesamt gibt es mehr als 2000 unterirdische Kammern. Die tiefsten Stollen liegen 327 m tief in der Erde.

Höhepunkt der Besichtigung ist die Kapelle der seligen Kunigunde (Kaplica św. Kingi), der Schutzpatronin der Bergleute von Wieliczka. Einer Legende nach warf die ungarische Prinzessin ihren Ring in Wieliczka in eine Schlucht und verkündete, dass man an dieser Stelle einen Schatz finden werde. Man fand Salz, das »weiße Gold« des Mittelalters. Die Kapelle liegt 101 m unter der Erde, ist 55 m lang und 18 m breit.

Über 30 Jahre haben die Bergleute an den zauberhaften Reliefs, Skulpturen und Altären gearbeitet. Die 4,5 km lange Tour führt durch insgesamt 20 Kammern, vorbei an unterirdischen Seen bis in eine Tiefe von 136 m. Ein Museum innerhalb des Bergwerks informiert über die Geschichte des Salzbergbaus.

Ⓞ **Opactwo Benedyktynów/ Benediktinerabtei** ➡ J6
ul. Benedyktyńska 37
Kraków/Tyniec
℃ 12-688 54 52
www.tyniec.benedyktyni.pl
Museum: Mai–Okt. 10–18, Nov.–April 10–16 Uhr, Eintritt 7/5 zł
Abtei (mit Führung): Mai–Okt. Mo–Fr 9–12 und 14–17, Sa 9–12 und 14–16, So 10.15 und 12–17, Nov.–März Mo–Sa 9–12 und 14–15, So 10.15 und 12–15, April Mo–Sa 9–12 und 14–16, So 10.15 und 12–16 Uhr
Eintritt 6 zł

Hundert Meter unter der Erde liegt die Kapelle der Salzmine Wieliczka

Mahnendes Symbol für den Völkermord: Haupteingang des Konzentrationslagers Auschwitz

Auf einem Felsen über der Weichsel in Tyniec thront das älteste Kloster Polens. Es wurde 1044 von Benediktinermönchen aus Köln gegründet, die einer Einladung des Fürsten Kasimir (Kazimierz) gefolgt sind.

Auschwitz/Oświęcim ➡ J5

Das Konzentrationslager wurde im Jahre 1940 von den Nationalsozialisten vor den Toren der Stadt Oświćim (Auschwitz), 60 Kilometer westlich von Krakau, errichtet und später um Birkenau erweitert. In dem Lager wurden nach unterschiedlichen Angaben zwischen 500 000 und zwei Millionen Menschen umgebracht. Auschwitz ist zum Symbol des Terrors, des Völkermords und des Holocaust geworden.

Am Anfang litten vor allem Polen im Lager. Später kamen sowjetische Kriegsgefangene, Sinti und Roma und Häftlinge aus anderen Ländern hinzu. Ab 1942 wurde Auschwitz zum Ort des größten Massenmords in der Geschichte der Menschheit an den europäischen Juden, deren Ausrottung sich die Nationalsozialisten zum Ziel gesetzt hatten. Das Morden war fabrikmäßig organisiert. Die Juden wurden meist gleich nach der Ankunft in den Gaskammern von Birkenau mit dem berüchtigten Zyklon B getötet und im Krematorium verbrannt. Über dem Eingangstor zum Hauptlager steht der zynische Satz »Arbeit Macht Frei«.

Zu besichtigen sind die Häftlingsbaracken, in denen Fotos und Dokumente ihrer Insassen ausgestellt sind, das Krematorium und die Folterräume. In den Baracken sind Berge von Haaren, Brillen, Schuhen und Zahnbürsten zu sehen, die die russischen Truppen nach der Befreiung des Lagers am 27. Januar 1945 vorgefunden hatten. Ein Dokumentarfilm zeigt erschütternde Bilder von halbverhungerten Häftlingen nach der Lagerbefreiung.

⊙ Auschwitz/Oświęcim ➡ J5

ul. Więęniów Oświęcimia 22
Oświęcim
Anreise: Öffentliche Busse vom Krakauer Busbahnhof ab 7.55 Uhr oder Zug von Krakau-Hbf., Fahrzeit 80–90 Min.
✆ 33-844 80 99
www.auschwitz.org
Tägl. Juni–Aug. 7.30–19, Mai, Sept. 7.30–18, April, Okt. 7.30–17, März, Nov. 8–16, Dez.–Feb. 8–15 Uhr
Eintritt frei, Führung 60/55 zł

Basilika und Kloster von Kalwaria Zebrzydowska

Wegen hoher Besucherzahlen kann das Lager Auschwitz 1 im Sommer von 10–15 Uhr nur in Gruppen besichtigt werden.

Kalwaria Zebrzydowska ➡ J6

Unweit der Heimatstadt von Papst Johannes Paul II. befindet sich eines der wichtigsten Heiligtümer Polens. Der Kalvarienberg Kalwaria Zebrzydowska hat es mit seinen 42 Stationen des Leidensweges Christi sogar auf die UNESCO-Liste des Weltkulturerbes geschafft. Er gehört zu der Bernardinerabtei aus dem 18 Jh. Unbedingt die Prozession am Karfreitag besuchen.

👁 **Kalwaria Zebrzydowska** ➡ J6
ul. Bernardyńska 46
34-130 Kalwaria Zebrzydowska
☏ 33-876 63 04
www.kalwaria.eu

Kielce ➡ G7

Die Hauptstadt des Heiligkreuz-Gebirges ist ein wichtiges Industrie- und Kulturzentrum, dennoch wirkt sie ein wenig provinziell. Die wichtigsten Sehenswürdigkeiten sind der Maria-Himmelfahrt-Dom und der Palast der Krakauer Bischöfe, der 1637–1641 im frühbarocken Stil errichtet wurde.

Südlich des Stadtzentrums befindet sich der stillgelegte Steinbruch Kadzielna mit einem Amphitheater, in dem jedes Jahr Konzerte und Festivals stattfinden (https://kadzielniakielce.pl). Die einst sehr bekannte – und umstrittene – Veranstaltung Sabat Czarownic (Hexensabbat) wurde allerdings im Jahr 2017 eingestellt.

ℹ **Tourist Information** ➡ G7
ul. Sienkiewicza 29, Kielce
☏ 41-344 77 43, 344 59 15
www.pttkkielce.pl
www.um.kielce.pl

🏛 **Muzeum Narodowe/ Nationalmuseum** ➡ G7
pl. Zamkowy 1, Kielce
☏ 41-344 4015
www.mnki.pl
Mai–Aug. Di–So 10–18, Sept.–April Di–So 9–17 Uhr
Eintritt 15/10 zł
Der Palast der Krakauer Bischöfe bietet ein passendes Ambiente für eine hervorragende Sammlung der polnischen Malerei der vergangenen vier Jahrhunderte, darunter Werke von Stanisław Wyspiański und Jacek Malczewski.

🏛 **Muzeum Zabawek i Zabawy/ Spielzeugmuseum** ➜ G7
pl. Wolności 2, Kielce
☎ 41-343 37 06
www.muzeumzabawek.eu
Mai–Okt. Di–So 9–17, Nov.–April Di–So 9–16 Uhr
Eintritt 10/6 zł
Unter den 6000 Exponaten aus aller Welt befinden sich wertvolle Puppen vom Ende des 19. und Anfang des 20. Jh.

Der Palast der Bischöfe in der Stadt Kielce

Ausflugsziele:

🏛 **Muzeum Archeologiczne Krzemionki/Archäologie- museum Krzemionki** ➜ G7
Sudół 135 a
Ostrowiec Świętokrzyski
☎ 41-330 45 50
www.krzemionki.pl
Mai–Sept. Mo–Fr 9–18, Sa/So 10–19, April, Okt. tägl. 9–17, Nov.–März tägl. 8–16 Uhr
Eintritt 18/12 zł
In Krzemionki befindet sich das größte antike Feuersteinabbaufeld Europas, etwa 4000 Gruben, einige davon bis zu 5000 Jahre alt. Entlang der 1,5 km langen Besichtigungsroute bekommt man einen Eindruck davon, wie in der Steinzeit der Feuerstein abgebaut und verarbeitet wur-de. Die prähistorische Siedlung der Feuerstein-Arbeiter wurde rekonstruiert.

🏛⚙ **Muzeum Przyrody i Techniki Ekomuzeum/Museum für Natur und Technik** ➜ G7
ul. Wielkopiecowa 1
Starachowice
☎ 41-275 40 83, 783-73 00 94
www.ekomuzeum.pl
April–Okt. Di/Mi, Fr 8–16, Do 8–17, Sa/So 11–17, Nov.–März Di–Fr 8–15 Uhr, Eintritt 12/8 zł
Die Ausstellung führt durch 2000 Jahre der Eisen- und Stahlproduktion. Antike Rennöfen, der erste Hochofen Polens und eine der weltgrößten Dampfmaschinen dürften vor allem Technikfreaks begeistern.

Darstellung der ersten Grubenarbeiter im Archäologiemuseum Krzemionki: Vor 5000 Jahren bauten sie hier Feuersteine ab

Das Freilichtmuseum nahe Chęciny

 Park Etnograficzny/
Freilichtmuseum ➜ G7
Tokarnia 303, Chęciny
✆ 41-315 41 71
www.mwk.com.pl
Jan.–März, Nov./Dez. tägl. 9–15,
April, Sept./Okt. Mo 9–15, Di–Fr
9–17, Sa/So 10–18, Mai/Juni Mo–Fr
9–17, Sa 8–18, So 10–18, Juli/Aug.
Mo 9–15, Di–So 10–18 Uhr
Eintritt 14/8 zł
Die meisten Holzbauten im Freilichtmuseum stammen aus dem
18. und 19. Jh. Zu den interessantesten Gebäuden gehören der
Herrenhof aus Suchedniów von
1856, der Hofspeicher aus Złota
von 1719 und die Barockkirche
der Tröstenden Gottesmutter aus
Rogów nad Wisłą von 1761. Auf
dem 70 ha großen Gelände finden regelmäßig Folklore-Veran-

staltungen statt, u. a. das Ernte-
fest und der Weihnachtsmarkt.

Jaskinia Raj/
Paradieshöhle ➜ G7
ul. Dobrzączka, Chęciny
✆ 41-346 55 18, www.jaskiniaraj.pl
Tägl. außer Mo Mai/Juni 9–19,
Juli/Aug. 9–18, Sept./Okt. 9–17,
Nov.–April 10–17 Uhr
Eintritt 20/15 zł
Eine der schönsten polnischen
Höhlen liegt 10 km südwestlich
von Kielce. Sie kann auf einer
Strecke von 180 m besichtigt wer-
den. Gleich neben dem Eingang
der Höhle befindet sich ein Nean-
dertaler-Museum.

Świętokrzyski Park
Narodowy/
Heiligkreuz-Nationalpark ➜ G7
ul. Suchedniowska 4
Bodzentyn
✆ 41-311 51 06, 311 50 25
www.swietokrzyskipn.org.pl
Der Name Heiligkreuz stammt
vom Benediktinerkloster zum Heiligen Kreuz, das sich auf der 595 m
hohen Łysa Góra befindet. In der
Abtei aus dem 12. Jh. werden Reliquien aufbewahrt, die vom
Kreuz stammen sollen, an dem
Jesus gekreuzigt wurde. Zu altsla-

Der Eingang des Benedikinerklosters im Heiligkreuz-Nationalpark

Hotelarchitektur aus dem 19. Jahrhundert im Kurort Krynica-Zdrój

wischen Zeiten gab es auf der Łysa Góra eine Kultstätte, später hieß es im Volksmund, dass auf dem Berg Hexen ihre Versammlungen abhalten würden. Der Nationalpark ist für seine 729 Baumdenkmäler berühmt, manche Buchen und Lärchen haben einen Umfang von fünf Metern und mehr.

Dymarki Świetokrzyskie/ Rennöffen-Festival ➧ G7

Informationszentrum Dom Opata
ul. Świętokrzyska 53
Nowa Słupia
℗ 41-317 83 27, 517-34 99 83
www.dymarki.pl
Mo–Sa 9–17, So 10–18 Uhr
Eintritt 10/8 zł

Das Folklore-Festival, bei dem Eisen in Rennöffen nach 2000 Jahre alten Methoden hergestellt wird, findet jedes Jahr am zweiten September-Wochenende in Nowa Słupia statt, einer am Fuß der Łysa Góra gelegenen Kleinstadt. Im örtlichen Museum des antiken Hüttenwesens können historische Rennöffen besichtigt werden.

Krynica-Zdrój ➧ J/K7

Die heilende Wirkung der **Mineralquellen** in Krynica wurde bereits 1793 entdeckt. Seitdem gehört die Kleinstadt in den Beskiden zu den beliebtesten Kurorten in Polen. Die erste Badeeinrichtung eröffnete 1804. Heute warten zwölf Sanatorien mit rund 1800 Betten auf Kurgäste. Behandelt werden vor allem Stoffwechsel- und Herz-Kreislauf-Erkrankungen (www. ukz.nazwa.pl).

Schöne Beispiele alter **Bäderarchitektur** sind das Kurhaus von 1889 mit seinem prachtvollen Ballsaal sowie das 1866 erbaute alte Mineralbad. Krynica richtet jedes Jahr das Jan-Kiepura-Festival für Opern- und Operettenmusik aus (www.kiepurafestival.pl). Sehenswert ist das Museum des naiven Malers Nikifor, der aus Krynica stammte.

Krynica-Zdrój ist ein wichtiges **Wintersportzentrum.** Eine Gondelbahn führt auf den 1114 Meter hohen Hausberg Jaworzyna, wo sieben Abfahrtpisten mit einer Gesamtlänge von rund acht Kilometern auf die Wintersportler warten (www.jaworzynakrynicka. pl). Reizvoll ist auch die 13 Kilometer lange Langlaufstrecke, die von der Góra Parkowa zum Dörfchen Tylicz führt.

ℹ Informacja Turystyczna
➡ J/K7
ul. Zdrojowa 4/2, Krynica
✆ 18-472 55 77 o. 18-472 55 88
www.krynica-zdroj.pl

Ojców ➡ H6

Nordwestlich von Krakau erstreckt sich das Karstgebirge Jura Krakowsko-Czestochowska, zerfurcht von tiefen Tälern, gesprenkelt mit bizarren freistehenden Felsformationen und verwunschenen Höhlen, die vor Urzeiten Frühmenschen als Obdach dienten. Im späten Mittelalter ließen die polnischen Könige auf Felsvorsprüngen Burgen und Festungen bauen, um die Handelswege zu sichern.

Ojców ist der Ausgangspunkt für die **Tour der Adlerhorste,** bei der man die verschiedenen Burgruinen besichtigen kann. Am Anfang steht das **Renaissanceschloss Pieskowa Skała.** Am Fuß des Schlosses ragt die Herkuleskeule (Maczuga Herkulesa) in den Himmel, ein freistehender Felsen, der in seiner Form an die Keule eines Riesen erinnert. Weitere Burgruinen sind Ogrodzieniec, Mirów, Bobolice und Olsztyn.

Ausflugsziele:

◉ 🏛 Zamek Pieskowa Skała/ Schloss in Pieskowa Skała ➡ H6
Sułoszowa
✆ 12-389 60 04
www.pieskowaskala.eu
Mai–Sept. Di–Do 9–17, Fr 9–13, Sa/So 10–18, April, Okt. Di–Do 10–16, Fr 10–15, Sa/So 10–16, Mo geschl. Nov.–März Sa/So 10–16, Di–Do nach Vereinbarung (min. 15 Personen), Mo geschl.
Eintritt 18/11 zł
Die mittelalterliche Wehrburg wurde im 16. Jh. im Stil des Königsschlosses Wawel umgebaut. Sie verfügt über einen schönen Arkadenhof.

🏞 🏕 Ojcowski Park Narodowy/ Nationalpark Ojców ➡ H6
Ojców 9, Sułoszowa
✆ 12-389 20 05
www.ojcowskiparknarodowy.pl
Der kleinste Nationalpark Polens befindet sich im Ojców-Tal, das den schönsten Teil des Juras bildet. Mehr als zwei Drittel der Fläche sind von Buchenmischwäldern bedeckt, in den viele seltene Pflanzenarten zu Hause sind. Von den 120 Vogelarten nutzen 94 den

Das Schloss in Pieskowa Skała wurde im Stil der Wawel-Burg gebaut

Floßfahrt auf dem Dunajec vor der malerischen Kulisse des Berges Trzy Korony im Nationalpark Pieninen

Park auch als Brutplatz. Dazu gehören beispielsweise der Schwarzstorch, der Eisvogel und das Wintergoldhähnchen. Auch 17 Arten von Fledermäusen sind hier vertreten, die vor allem in den vielen Höhlen einen sicheren Unterschlupf finden. Einst mussten sich Fledermäuse die Höhlen mit Menschen teilen.

Jaskinia Łokietka/ Łokietek-Höhle ➡ H6
32-089 Czajowice
www.grotalokietka.pl
✆ 12-419 08 01
Tägl. April–Aug. 9–18.30, Sept. 9–17.30, Okt. 9–16.30 Uhr
Nur mit Führung 12/6 zł
Dies ist eine der größten Höhlen der Region. Nach einer Legende soll sich hier der polnische König Wladyslaw I. Ellenlang (Łokietek) nach einer verlorenen Schlacht vor den Truppen des böhmischen Königs Wenzel I. versteckt haben. Mit Erfolg.

Jaskinia Ciemna/ Dunkle Höhle ➡ H6
Brama Krakowska, 2 km südlich von Ojców
✆ 12-380 10 11
www.ciemna.ojcow.pl
Tägl. April–Sept. 10–17, Okt. 10–

16 Uhr, Eintritt nur mit Führung 9/5 zł
Die Höhle liegt etwa 70 m über dem Pradnik-Fluss. Die Paläontologen fanden hier viele Spuren der Neandertaler, die vor 50 000 bis 60 000 Jahren in dem Gebiet lebten.

Pieniński Park Narodowy/ Nationalpark Pieninen
➡ J/K7
Die Pieninen sind ein 30 Kilometer langes, zerklüftetes Kalksteingebirge an der Grenze zur Slowakei. Die höchste Erhebung im polnischen Teil des Gebirgszuges sind die 982 Meter hohen Trzy Korony (Drei Kronen). Die größte Touristenattraktion ist der **Durchbruch des Flusses Dunajec,** in dem die senkrechten Felswände an einigen Stellen bis 300 Meter in die Höhe ragen. Die Berge sind mit Buchen- und Tannenwäldern bewachsen, in denen viele seltene Pflanzen- und 61 Säugetierarten vorkommen, darunter auch Braunbär und Wolf.

Über dem Dunajec-Stausee Jezioro Czorsztyńskie thront die **Ruine von Schloss Czorsztyn;** am anderen Seeufer steht das gut erhaltene **Schloss Niedzica,** das

Bürgerhaus am Marktplatz in der alten Königsstadt Sandomierz

einst als ungarische Grenzfeste errichtet wurde. Es dient heute als Hotel und Museum. Die Gegend ist berühmt für ihre **traditionellen Holzkirchen,** die vom Ende des 15. und Anfang des 16. Jahrhunderts stammen. Vor allem die Erzengel Michael Kirche (Kościół Św. Michala Archaniola) in Dębno und die St. Martin Kirche (Kościół Św. Marcina) in Grywałd sind sehenswert.

🅼 📷 Pieniński Park Narodowy
➡ J/K7
ul. Jagiellońska 107B
Krościenko nad Dunajcem
☎ 18-262 56 02
www.pieninypn.pl
Schloss Czorsztyn: 5/2,50 zł
Aussichtsplattform Drei Kronen (Trzy Korony): 5/2,50 zł

🗷 Polskie Stowarzyszenie Flisaków Pienińskich/ Verband der Floßfahrer ➡ J/K7
Sromowce Wyżne
☎ 18-262 97 21
www.flisacy.com.pl
www.pieniny.com
Tägl. April 9–16, Mai–Aug. 8.30–17, Sept. 8.30–16, Okt. 9–15 Uhr

Die Floßfahrt durch den Durchbruch des Dunajec ist die Hauptattraktion des Nationalparks. Sie beginnt in Sromowce-Kąty und endet in Szczawnica (18 km, 2 Std. 15 Min., 57/34 zł) oder in Krościenko (23 km, 2 Std. 45 Min., 71/41 zł). Ein Floß hat Platz für 11 Personen.

Sandomierz ➡ G8
Die alte Königsresidenz verdankt ihren Reichtum dem Handel zwischen Südrussland und Westeuropa. Der Reichtum der Stadt lockte nicht nur Kaufleute, sondern auch Feinde an. Im 13. und 14. Jahrhundert wurde sie mehrmals von Litauern und Tataren geplündert. In der **gotischen Kathedrale** von 1360 erinnert ein großes Gemälde an die Zeit der Tatarengemetzel. Die romanische Kościół Sw. Jakuba (Jakobskirche) aus dem 13. Jahrhundert gilt als der älteste Backsteinbau Polens.

Das **Rathaus** von 1349, heute Regionalmuseum, wurde 200 Jahre später mit einer Renaissance-Attika verziert. Auch das gotische Opatower Stadttor, das Wahrzeichen der Stadt, bekam einen Renaissance-Aufbau. An die jüdische Gemeinde, die zu den größten in Kleinpolen gehörte, errinert die **alte Synagoge,** ein schlichter Kubus aus dem 17. Jahrhundert. Sehenswert ist zudem das **Dlugosz-Haus,** ein gotisches Backsteingebäude von 1476, das der polnische Chronist Jan Długosz den Sandomirer Missionsbrüdern stiftete.

Im 16. Jahrhundert lagerten die Kaufleute ihre Waren in den gotischen Kellern ihrer Häuser. Die unterirdischen Räume sind oft durch Tunnel miteinander verbunden und können besichtigt werden.

ℹ Tourist Information ➡ G8
Rynek 20, Sandomierz
☎ 15-644 61 05
www.sandomierz.travel
www.sandomierz.pl

◉ Podziemna Trasa Turystyczna/ Touristische Untergrundroute
➡ G8
Oleśnicka 1, Sandomierz
℡ 15-832 30 88
www.podziemna-trasa-turysty
czna.pl
Tägl. Mai–Sept. 9–19, Okt.–April
10–17 Uhr
Eintritt 13/9 zł
Die Route verläuft bis zu 12 m unter der Erde, hat 34 Räume und ist etwa 500 m lang. Die Besichtigung ist nur mit Führung möglich.

Tatry/Tatra ➡ K6
Das einzige polnische Hochgebirge mit alpinem Charakter ist die südlich von Krakau gelegene Hohe Tatra. Der höchste Gipfel und gleichzeitig die höchste Erhebung des Landes ist der 2499 Meter hohe Berg Rysy (Meeraugspitze). Die Tatra ist im Sommer das **beliebteste Wanderrevier** Polens, den Besuchern stehen 275 Kilometer Fuß- und Radwanderwege unterschiedlichster Schwierigkeitsgrade zur Verfügung. Acht große Berghütten bieten Übernachtungsplätze. Im Winter ist das Gebirge Polens wichtigstes Wintersportzentrum mit zahlreichen Ski- und Snowboardabfahrten.

Große Teile der Tatra sind ein **Nationalpark.** Dort findet man je nach Vegetationsstufe eine unterschiedliche, vielfältige Pflanzenwelt. Im oberen Waldgürtel dominieren Zirbelkiefer und Fichte, der subalpine Bereich ist größtenteils von Latschenkiefern bewachsen, oberhalb von 1800 Metern ziehen sich alpine Wiesen bis zur Schneegrenze hin. Zahlreiche Arten, wie das Tatra-Löffelkraut, der Tatra-Rittersporn oder der Wahlenberg-Steinbrech kommen nur hier vor. Auch die Tierwelt ist einmalig: In der Tatra leben Gämsen und Tatra-Murmeltiere, Luchse und Wölfe. Auch etwa 60 Braunbären bevölkern die Bergtäler auf beiden Seiten der polnisch-slowakischen Grenze. Mit einem Körpergewicht von bis zu 350 Kilogramm sind sie die größten Raubtiere Europas.

Eine beliebte Touristenattraktion des Nationalparks sind die **Gebirgsseen.** Sie sind größtenteils während der letzten Eiszeit entstanden und zeichnen sich durch sehr klares Wasser aus. Der größte unter ihnen ist Morskie Oko (Meerauge), zu dem mehrere gut ausgebaute Wanderwege führen. Ebenso beliebt ist das malerische Dolina Pięciu Stawów (Tal der fünf Seen) und das Dolina Koscie-

Hunderte Kilometer Wanderwege führen durch das Tatra-Gebirge

Zakopane ist das größte Wintersportzentrum Polens

liska (Koscieliska Tal), sowie die Gipfel von Kasprowy Wierch (1985 m; Seilbahn), Giewont (1909 m) und Gubałówka (1126 m).

Die Winterhauptstadt Polens, **Zakopane,** zählt nur 40 000 ständige Einwohnern, wird aber jedes Jahr von drei Millionen Touristen besucht. Vor 100 Jahren war Zakopane ein idyllischer Ort am Rande der Tatra, in dem die einheimische Bergbevölkerung, genannt Górale, zu Hause war. Sie pflegten alte Traditionen, trugen malerische Trachten und bauten prächtige Holzhäuser mit steilen Dächern. Ihr größter Reichtum waren Schafsherden, die im Sommer auf Bergwiesen grasten. Aus der Schafsmilch machten sie Oscypki, einen geräucherten Käse, aus der Wolle ihre Filz-Kleidung und Wollpullover. Heute locken ihre Kultur – und die schöne Lage der Stadt – viele Besucher an. Zakopane ächzt unter dem Touristenstrom, unter der Luftverschmutzung durch Autos und Heizungen. In der Stadt gibt es Hunderte Hotels, Pensionen und Apartmenthäuser, die in der Saison komplett ausgebucht sind. In der Fußgängerzone Krupowki, wo sich die meisten Restaurants und Bars befinden, herrscht jeden Abend ein großes Gedränge. So auch auf dem Basar, wo lokale Souvenirs verkauft werden, darunter Oscypki, Wollstrümpfe und Filzpantoffeln. Im Winter finden rund um Zakopane regelmäßig Sportveranstaltungen statt, etwa der FIS-Slalom und der Skisprung-Weltcup.

ℹ 🏔 **Tatrzański Park Narodowy**
➡ K6
ul. Kuźnice 1, Zakopane
www.tpn.pl
℡ 18-202 32 00

ℹ **Tourist Information** ➡ K6
ul. Chałubińskiego 44
Zakopane
℡ 18-202 33 00, 18-206 37 99
www.zakopane.pl

✖ **Góralska Tradycja** ➡ K6
ul. Krupówki 29
Zakopane
℡ 18-200 03 74
Tägl. 10–22 Uhr
Traditionelle lokale und polnische Gerichte. Besonders empfehlenswert sind gebratener Käse (Oscypek) und die Lamm-Gerichte. €€€

Geräucherter Oscypek-Käse, eine Spezialität Zakopanes

Breslau, Schlesien und Sudeten/Wrocław, Ślask und Sudety

Das Gebiet zwischen den Bergketten der Sudeten und den Niederungen Großpolens auf beiden Seiten der Oder war schon immer ein Spielball der Großmächte, war mal polnisch, dann böhmisch, sächsisch, österreichisch und preußisch. Doch jeder Herrscher hat dem Landstrich auch beindruckende Bauten hinterlassen. Nach Ende des Zweiten Weltkriegs floh die deutsche Bevölkerung oder wurde vertrieben. Im Potsdamer Vertrag 1945 wurde Schlesien Polen zugeschlagen, in die Häuser der Deutschen zogen Polen ein, die wiederum aus den an die Sowjetunion gefallenen polnischen Ostgebieten vertrieben worden waren.

Die meisten Städte Schlesiens haben einen mittelalterlichen Stadtkern. Überall gibt es prächtige Landschlösser und Ritterburgen, Klöster der Gegenreformation und Friedenskirchen. Die malerische Bergwelt der Sudeten mit mehreren Kurorten und alten Bergbaustädten lädt zum Verweilen ein. Im östlichen Teil Schlesiens siedelte sich die Industrie an, die von den reichen Eisenerz- und Kohlevorkommen der Region zu profitieren wusste. Dort entstanden mächtige Industriestädte: Katowice/Kattowitz, Bytom/Beuthen, Zabrze/Hindenburg, Gliwice/Gleiwitz und Chorzow/Königshütte.

Die Vista Points sind nach Breslau alphabetisch sortiert.

❸ Breslau/Wrocław ➙ G3

Wrocław war einst der Sitz der polnischen Piasten-Herzöge und wurde im Jahr 1000 Bischofssitz. 1335 kam die Stadt unter böhmische, 1526 unter österreichische und 1742 schließlich unter preußische Herrschaft. Im Zweiten Weltkrieg haben die Deutschen die Stadt zu einer Festung erklärt und bis zuletzt verteidigt. Die polnischen Repatriierten aus Lwów (Lemberg), die in die Ruinen der Stadt umgesiedelt wurden, hauchten Wrocław neues Leben ein. Heute zählt es 639 000 Einwohner, ist ein lebhaftes Kulturzentrum und wichtige Universitätsstadt. 2017 wurde Wrocław zur Kulturhauptstadt Europas erklärt.

Breslau gilt als das Zentrum Niederschlesiens

Der Große Ring in Breslau ist das Zentrum der Fußgängerzone

Den 1241 angelegten großen **Marktplatz** (Rynek Starego Miasta; 173 x 208 m) ➡ dC2 umgeben 60 prächtige Häuser mit gotischen, Renaissance- und barocken Fassaden. Die jeweiligen Symbole über den Eingangstüren haben den Häusern ihre Namen gegeben – wie beim Haus unter dem Goldenen Hund (Nr. 41) oder unter dem Goldenen Adler (Nr. 6). In den meisten Häusern wurden Cafés und Restaurants, Souvenirgeschäfte, Galerien und Museen eingerichtet.

In der Platzmitte steht das herrliche **Rathaus** (Ratusz) ➡ dC2. Der Bau wurde Ende des 13. Jahrhunderts begonnen und unter verschiedenen Herrschern 250 Jahre fortgeführt. Die meisten Teile des spätgotischen Gebäudes stammen aus dem 15. Jahrhundert, es

Die Astronomische Uhr an der Ostseite des Breslauer Rathauses

beherbergt das **Stadtmuseum**. Sehenswert ist die zweischiffige Eingangshalle, in der öffentliche Versammlungen stattfanden. Eine Marmortreppe führt nach oben in den prachtvollen dreischiffigen Rittersaal.

An der Südseite des Rathauses findet sich der Eingang zur Piwnica Swidnicka, dem **Schweidnitzer Bierkeller**, an der Ostseite ist die **Astronomische Uhr** aus dem Jahr 1580 zu bewundern. Ans Rathaus schließen sich in langen Reihen die alten Kaufmannsläden an; wo sich einst das Denkmal Kaiser Wilhelms befand, steht die Statue des Dichters Aleksander Fredro, die 1956 aus Lwów nach Breslau gebracht wurde.

Den kleineren **Marktplatz** (Plac Solny) ➡ dC2 gleich neben dem Altstadtmarkt umgeben überwiegend barocke Häuser. Das prächtige **Greifen-Haus** beherbergt in seinem riesigen Kellergewölbe ein bekanntes Restaurant. Auf dem Platz findet täglich der farbenfrohe Blumenmarkt statt.

Der älteste Teil der Stadt mit Spuren einer Fürstenburg aus dem 9. und 10. Jahrhundert liegt auf der **Dominsel** (Ostrów Tumski) ➡ dA/dB4 nördlich der Oder. Nach der Gründung des Bischofssitzes war sie das Zentrum des religiösen Lebens mit fünf Backsteinkirchen auf sehr engem Raum. Dazu gehört die dreischiffige gotische **Johannes-Kathedrale** (Katedra św. Jana) ➜ dB4, 1244–1419 auf den Ruinen eines romanischen Gotteshauses errichtet. Der spätgotische Altar zeigt die schlafende Maria. Sehenswert sind das Portal und die barocke Elisabeth-Kapelle aus dem 16. Jahrhundert. Der Dom besitzt die größte Orgel Polens. Schmale Treppen führen hinauf zu einer Aussichtsplattform in 56 Metern Höhe (tägl. außer So 10–18 Uhr, Aufzug 4/3 zł). An den Dom lehnt sich die spätromanische **Ägidienkirche** (Kościół św. Idzego) ➜ dB4; der gotische Bau der **Kreuzkirche** (Kościół św. Krzyża) ➜ dB4 wurde im 13. Jahrhundert errichtet und vom schlesischen Herzog Heinrich IV. Probus gestiftet.

Bis heute ist das Viertel eine Oase der Stille. Vor der Dominsel starten Ausflugsschiffe und kleine Gondeln zu Rundfahrten auf der Oder. Die Dominsel ist durch die Tumski-Brücke mit der Sandinsel und weiter durch die Sand-Brücke mit der Altstadt verbunden.

ℹ️ **Tourist Information** ➜ dC2
Rynek 14, Wrocław
✆ 71-344 31 11, www.wroclaw.pl
Hier wird auch die Wrocław Touristenkarte (2 Tage/60 zł, 3 Tage/90 zł) verkauft.

🏛 **Muzeum Archeologiczne/ Archäologisches Museum** ➜ dD2
ul. Cieszyńskiego 9, Wrocław
✆ 71-347 16 96
www.muzeum.miejskie.wroclaw.pl
Mi–Sa 10–17, So 10–18 Uhr
Eintritt 15/10 zł
Das Museum zeigt neben altem Schmuck Gebrauchsgegenstände und Skelette aus antiken Gräbern sowie ein Modell der **Dominsel** mit der Bebauung im 12. Jh.

Górny Śląsk/Oberschlesien

Im östlichen Teil Schlesiens, Górny Śląsk, liegen 14 Städte mit rund drei Millionen Einwohnern dicht nebeneinander. Damit hat die Region die höchste Bevölkerungsdichte in Polen. Hier befanden sich Ende der 1980er Jahre 50 Kohleminen, 17 Eisenhütten, acht Buntmetallhütten, elf Koksereien, 37 Kraftwerke, 80 Maschinen- und 70 Chemiefabriken. Dafür hat die Region einen hohen Preis gezahlt: Die Luft- und Wasserverschmutzung waren die höchsten in ganz Polen, der Smog verschleierte die Sonne und färbte die Gebäude schwarzgrau. Seit der Wende hat sich die Lage deutlich verbessert, die alten Werke wurden Anfang der 1990er Jahre geschlossen, die neueren nachgerüstet.

Die Bedeutung der Kohleförderung in Schlesien ist in den letzten Jahren, wie überall in Europa, stark zurückgegangen. Die Region hat die Bedeutung ihres historischen Erbes jedoch erkannt und nutzt die stillgelegten Zechen für eine Reise in die Geschichte ihrer Industrie. Auf dem Szlak Zabytków Techniki Województwa Śląskiego (Route der Technikdenkmäler der Woiwodschaft Schlesien) sind 42 Objekte aus der ganzen Woiwodschaft vereint (www.zabytkitechniki.pl).

Altes Kohlekraftwerk in der oberschlesischen Stadt Siemianowice Śląskie

🏛 👁 **Muzeum Miejskie/**
Stadtmuseum ➡ dC2
ul. Sukiennice 14/15, Wrocław
✆ 71-347 16 90
www.mmw.pl
Mi–Sa 10–17, So 10–18 Uhr
Eintritt 15/10 zł
Das Museum für Bürgerliche
Kunst ist im spätgotischen Rathaus untergebracht. Eine Filiale
des Stadtmuseums bildet das Historische Museum im Königspalast
(ul. Kazimierza Wielkiego 35,
✆ 71-391 69 40, Öffnungszeiten
und Eintritt wie Rathaus).

🏛 **Muzeum Narodowe/**
Nationalmuseum ➡ dC4
pl. Powstańców Warszawy 5
Wrocław
✆ 71-372 51 50
www.mnwr.art.pl
Mi–Fr 10–16 (im Sommer bis 17), Sa/
So 10–17 (im Sommer 10.30–18) Uhr
Eintritt 15/10 zł, Sa frei
Eine der größten Sammlungen polnischer Kunst. Besonders interessant sind die Mittelalterabteilung
mit Schnitzkunst aus Schlesien und
die Gegenwartskunst des 20. Jh.

👁 **Kościół św. Elżbiety/**
Elisabethkirche ➡ dB2
ul. Elżbiety 1/2, Wrocław

✆ 71-343 16 38, www.elzbieta.
archidiecezja.wroc.pl
Die gotische Kirche aus dem
14. und 15. Jh. ist der höchste Bau
der Altstadt. Vom 91 m hohen
Turm bietet sich ein fantastischer
Blick auf die Altstadt. Sehenswert
im Inneren sind die zahlreichen
Epitaphen der reichen Breslauer
Familien.

👁 **Kościół św. Marcina/**
Martinskirche ➡ A/B3
ul. Idziego 4, Wrocław
Die kleine Backsteinkirche ist al-
les, was von der einst mächtigen
Burg der Piasten geblieben ist.
Unter der preußischen Herrschaft
war die Kirche das Zentrum der
polnischen Kultur. Während der
Belagerung 1945 wurde sie fast
vollständig zerstört. Vor der Kirche steht ein Denkmal von Johannes Paul II.

👁 **Kościół św. Wojciecha/**
Adalbertkirche ➡ dC3
pl. Dominikańki 2, Wrocław
✆ 71-344 66 31
www.wroclaw.dominikanie.pl
1112 legten Augustinermönche
den Grundstein für die massive
Kirche, sie wurde 1241 von Tataren zerstört.

Im grünen Efeu-Mantel: das Nationalmuseum in Breslau

Idylle wie in Fernost: der Japanische Garten in Breslau

Panorama Racławicka ➜ dC4
ul. Purkyniego 11, Wrocław
✆ 71-344 16 61
www.panoramaraclawicka.pl
April–Okt. tägl. 8–19.30, Nov.–
März tägl. außer Mo 9–16.30 Uhr
Eintritt 30/23 zł
Das 140 m lange Gemälde in einem Rundbau ist ein Muss für
polnische Patrioten. Es stellt den
Sieg der polnischen Aufständischen unter Tadeusz Kościuszko
über die russischen Truppen bei
Racławice 1794 dar. Polnische
Bauern gehen mit Sensen auf die
russischen Husaren los. Sie gewin-
nen die Schlacht, doch können sie
die dritte Teilung Polens nicht
mehr aufhalten. Das Gemälde
wurde etwa 100 Jahre nach der
Schlacht von Wojciech Kossak und
Jan Styka gemalt.

**Uniwersytet Wrocławski/
Universität** ➜ dB2/3
pl. Uniwersytecki 1, Wrocław
✆ 71-375 26 18
www.muzeum.uni.wroc.pl
Tägl. außer Mi 10–17 Uhr
Eintritt 12/8 zł
Die Universität wurde 1670 von
den Jesuiten gegründet. Das
Hauptgebäude (1728–42) ist eine
Perle der Barockarchitektur, ausgeschmückt mit Fresken, Friesen
und Skulpturen. Eindrucksvoll ist
die ausgemalte Leopoldina-Aula.
Auch der Musiksaal (Oratorium
Marianum) und der Mathematik-
turm sind sehenswert. An der
Universität haben Wissenschaftler
gelehrt wie Alois Alzheimer, der
die nach ihm benannte Krankheit
entdeckt hat, und Robert Bunsen,
der den Gasbrenner entwickelte.

Im nahe gelegenen **Ossoli-
neum** werden wertvolle Bücher
und Handschriften aufbewahrt.

Aquapark Wrocław
➜ südl. dD2
Borowska 99, Wrocław
✆ 71-771 15 11
www.aquapark.wroc.pl
Mo–Fr 9–23, Sa/So 8–23 Uhr
Eintritt 39/29 zł
Einer der beliebtesten und
schönsten Aquaparks in Polen.

**Japanischer Garten/
Ogród Japoński** ➜ östl. dC4
Park Szczytnicki, ul. Mickiewicza
Wrocław
✆ 71-328 66 11
April–Okt. tägl. 9–19 Uhr
Eintritt 8/5 zł

Die Kreuzerhöhungskirche in Brzeg

Der Garten erinnert an die Weltausstellung in Breslau 1913. Die alte Anlage von Fritz von Hochberg und Mankichi Arai wurde 1996 mit Spenden der Japanischen Botschaft in Warschau rekonstruiert.

⊠ Restauracja Bernard ➔ dC2
Rynek 35, Wrocław
☏ 71-344 10 54, 508-05 40 37
http://bernard.wroclaw.pl
Tägl. 10.30–24 Uhr
Eine große Vielfalt an polnischen, tschechischen und europäischen Gerichten, dazu eine Auswahl von Bernard-Bieren aus Humpolec in Tschechien. €€€

⊠ Karczma Lwowska ➔ dC2
Rynek 4, Wrocław
☏ 71-343 98 87
www.lwowska.com.pl
Tägl. 11–1 Uhr
Spezialisiert auf westukrainische Gerichte, darunter beispielsweise schmackhafte Würste und Teigtaschen in allen Variationen. Das Bier kommt in Keramikkrügen. 2003 von Newsweek zum besten Restaurant Polens erklärt. €€

♫ 🍴 Narodowe Forum Muzyki/ Nationales Musikforum ➔ C/D1
pl. Wolnosci 1, Wrocław

☏ 71-342 20 01 (Tickets)
www.nfm.wroclaw.pl
Hier gibt es ein vielfältiges Musikprogramm und alljährlich im September klassische Konzerte im Rahmen des Festivals **Wratislavia** (www.wratislavia.cantans.pl).

Ausflugsziele:

👁 Trzebnica/Trebnitz ➔ G3/4
www.turystyka.trzebnica.pl
www.boromeuszki.pl
Die Stadt war seit dem 12. Jh. ein geistiges Zentrum des schlesischen Herzogtums. In der romanischen Klosterkirche befindet sich das Grab der 1267 heiliggesprochenen und zur Schutzpatronin von Schlesien erklärten Herzogin Jadwiga (Hedwig). Die in Andechs geborene Hedwig förderte gemeinsam mit ihrem Ehemann Heinrich I., Herzog von Schlesien und Polen, die religiöse, kulturelle und politische Entwicklung Schlesiens. 1203 ließen sie die Zisterzienserabtei in Trebnitz bauen.

👁 🏛 Brzeg/Brieg ➔ G4
www.pit.brzeg.pl
www.zamek.brzeg.pl
Die schönste Stadt Schlesiens galt schon im 13. Jh. als ein wichtiges Handelszentrum. Als Residenz-

stadt der Piastenherzöge (1311–1675) lockte sie mehrere Glaubensorden, die hier ihre Klöster und Kirchen bauten. Damals wurden das Schloss, die Hedwigskirche (1389) und die Stadtpfarrkirche St. Nikolai (1370 und 1417) errichtet. Im 15. Jh. wurde die Stadt von Hussiten geplündert, danach aber im Renaissancestil wiederaufgebaut. 1675 fiel Brieg an Österreich, 1742 an Preußen. Im Zweiten Weltkrieg zu 70 Prozent zerstört, wurde die Stadt wieder aufgebaut. Die barocke Heiligkreuzkirche ist von 1739.

Das ursprünglich gotische Schloss (Besichtigung Di–So 10–17 Uhr, Eintritt 14/7 zł) wurde 1552 unter Herzog Jerzy II. im Renaissancestil umgebaut. Das Torhaus schmücken seitdem die Büsten der Piasten-Könige und -Herzöge. In den Gewölben sind Sarkophage und Grabplatten der Herzöge zu besichtigen. Das Museum zeigt Zeugnisse der Piastenherrschaft und schlesische Kunst.

Częstochowa/Tschenstochau

➧ G5

Tiefe Religiosität zeichnet die Polen bis heute aus. Davon kann sich der Besucher in Tschenstochau überzeugen. Die 1220 erstmals erwähnte Stadt zieht jedes Jahr vier Millionen Wallfahrer an, die zu dem berühmten **Gnadenbild der Schwarzen Madonna** im Pauliner-Kloster auf dem Berg Jasna Góra pilgern. Das 1382 gegründete Kloster ist von mächtigen Festungsanlagen umgeben, die zwischen 1620 und 1644 erbaut wurden.

Im Zentrum der Anlage liegt die dreischiffige Basilika mit barocker Innenausstattung. Sie wurde die an die im 15. Jahrhundert errichtete Kaplica Matki Boskiej Częstochowskiej (Kapelle der Muttergottes von Tschenstochau) angebaut. Dort befindet sich im Hauptaltar das Gnadenbild der Schwarzen Madonna. Das 122 mal 82 Zentimeter große, auf Holz gemalte Bildnis kam 1384 ins

Das Paulinerkloster in Tschentstochau mit dem Gnadenbild der Schwarzen Madonna ist das wichtigste Marienheiligtum Polens

Kloster. Ihm werden wundertätige Kräfte nachgesagt. So schrieb man ihm auch zu, das Kloster 1655 in aussichtsloser Lage vor einer Übermacht schwedischer Truppen gerettet zu haben – nach monatelanger Belagerung zogen sich die Schweden zurück. Deshalb wurde später die Schwarze Madonna symbolisch zur Königin Polens gekrönt.

ℹ Tourist Information ➡ G5
Aleja Najświętszej Maryi Panny 65, Częstochowa
☎ 34-368 22 50
www.czestochowa.pl
www.info.czestochowa.pl/portal

⊙ 🏛 📷 Sanktuarium Matki Boskiej Częstochowskiej/ Saktuarium der Muttergottes von Tschenstochau ➡ G5
Jasnogórskie Centrum Informacji
ul. o. A. Kordeckiego 2
Częstochowa
☎ 34-365 38 88, 34-377 74 08
www.jci.jasnagora.pl
www.jasnagora.pl
März–Okt. 9–17, Nov.–Feb. 9–16 Uhr, Führung in Deutsch nach Vereinbarung (Gruppe bis 5 Personen, 100 zł)
Die gotische Kapelle mit dem Gnadenbild der Schwarzen Madonna wurde mehrmals umgestaltet und

Der Altar der Basilika von Tschentstochau

erweitert. Über dem Haupteingang der Basilika befindet sich eine der größten Orgeln Polens. An die Basilika schließt im Norden das Kloster (17./18. Jh.) an. Sehenswert sind außerdem die Schatzkammer mit vielen wertvollen Sakralobjekten, das Arsenal und das Museum zur 600-jährigen Geschichte des Klosters. Von dem 104 m hohen Turm kann man die ganze Umgebung überblicken.

Seit 27 Jahren wird in der Basilika Anfang Mai das Internationale Festival für Sakralmusik Gaude Mater (Międzynarodowy Festiwal Muzyki Sakralnej) ausgerichtet (www.gaudemater.pl).

🏛 Muzeum Górnictwa Rud Żelaza/Eisenerz-Bergbaumuseum ➡ G5
Park im S.Staszica
Częstochowa
☎ 504-75 77 69
www.kopalnia.muzeumczestochowa.pl
Juni–Sept. Di, Do 11–17, Mi, Fr 11–17.30, Sa/So 11–18, Okt.–Mai Di, Do/Fr 9–15.30, Mi 11–17.30, Sa/So 11–17 Uhr
Eintritt 14/8 zł
Die Eisenerzvorkommen in der Region Częstochowa wurden bereits im 14. Jh. genutzt. Die Lagerstätten erstrecken sich auf einer Fläche von etwa 800 km² von Zawiercie bis nach Wieluń. Das Museum befindet sich in den unterirdischen Kammern, die in den 1970er Jahren gegraben wurden. Es zeigt die Technik, die bei der Eisenerzförderung eingesetzt wurde.

🏛 Muzeum Produkcji Zapałek/ Streichholzmuseum ➡ G5
ul. Ogrodowa 68
Częstochowa
☎ 34-324 12 10
www.zapalki.pl
Juli/Aug. Mo–Fr 8–16, Sa/So 10–15, Sept.–Juni Mo–Fr 8–15 Uhr
Eintritt 10/5 zł

Die pittoreske Innenstadt von Hirschberg

Das Museum befindet sich in einer 1882 gegründeten Fabrik für Zündwaren und ist das einzige Streichholzmuseum in Europa. Die Fabrik ist bis heute in Betrieb und Besucher können beobachten, wie an historischen Maschinen aus den 1930er Jahren Streichhölzer produziert werden.

⚿ ✕ Rosa Private Golf Club
➡ G5
ul. Rolnicza 1, Konopiska
✆ 34-329 93 63
www.rpgc.pl
Die Anlage am Rande von Tschenstochau gilt als einer der schönsten Golfplätze des Landes. Die 18 Bahnen liegen malerisch mitten in einer welligen Landschaft mit zahlreichen Wasserflächen. Der Club verfügt über einen großzügigen Übungsbereich und ein Restaurant.

Gliwice/Gleiwitz ➡ H5
Die Stadt wurde im 14. Jahrhundert gegründet. An die mittelalterliche Stadtanlage erinnert der Markt mit dem mehrmals umgebauten gotischen Rathaus. Am 31. August 1939 wurde der deutsche Radiosender in Gleiwitz angegriffen – von SS-Leuten, die sich als Polen ausgaben. Diese Provokation lieferte Hitler den Vorwand, um am nächsten Tag den Überfall auf Polen zu starten.

ℹ Tourist Information ➡ H5
ul. Dolnych Wałów 3
Gliwice
✆ 48-32 231 38 55
www.gliwice.eu

Jelenia Góra/Hirschberg
➡ G2
Die Stadt am Fuß des Riesengebirges wurde 1108 gegründet. Davon kündet die Inschrift über dem Haupteingang zum klassizistischen **Rathaus** (1747), der sich in der Mitte des alten Markts befindet. Die Bebauung der **Altstadt** spiegelt die lange Geschichte von Hirschberg wieder: Barock- und Renaissancehäuser, Häuser aus der Gründerzeit und Jugendstilhäuser reihen sich aneinander. Die **gotische Pfarrkirche** St. Erasmus und Pankratius aus dem 14. Jahrhundert ist den Hirschberger Schutzheiligen gewidmet. Wahrzeichen der Stadt ist die **Turmbastei** (Baszta Grodzka), Teil der Wehrbefestigung aus dem 15. Jahrhundert, die heute die Tourist Information beherbergt.

Import aus Norwegen: die Stabholzkirche Wang in Krummhübel

 Tourist Information ➔ G2
plac Ratuszowy 6/7, Jelenia Góra
✆ 519-509 343
www.turystyka.jeleniagora.pl

Ausflugsziel:

◉🌳 **Palac Schaffgotschów/
Schaffgotsch-Palast** ➔ G2
pl. Piastowski 2, Jelenia Góra
✆ 75-755 10 48
www.turystyka.jeleniagora.pl
Schon im 13. Jh. war Bad Warmbrunn für seine Mineral- und
Thermalquellen bekannt. Kranke
kamen von überall her, betreut
wurden sie von Johannitern, die
eine Herberge errichten ließen.
Etwa 200 Jahre später erwarb die
Familie Schaffgotsch das Gut
Warmbrunn. Von ihrer Herrschaft
zeugt das barocke Familienschloss
aus dem 18. Jh.
   Der klassizistische Palast wurde
von dem Architekten Jan Rudolf
1784–88 errichtet. Heute beherbergt er die Filiale der Politechni-
schen Hochschule Breslau. Gleich
hinter dem Schaffgotschen Palast
beginnt der Kurpark.

Karpacz/Krummhübel ➔ G2
Der Ferienort ist ein guter Ausgangspunkt für Wandertouren im
Sommer und beliebtes Zentrum
für Wintersportler. Bereits vor
dem ersten Weltkrieg wurden die
ersten Rodelbahnen, Sprung-
schanzen und Skipisten angelegt.
In der Stadt befindet sich ein kleines architektonisches Juwel: die
Wang-Kirche, die im 12. Jahrhundert in Vang in Südnorwegen erbaut wurde.

 Tourist Information ➔ G2
ul. Konstytucji 3 Maja 25
Karpacz
✆ 75-761 86 05, www.karpacz.pl

🏛 **Museum für Sport und
Touristik** ➔ G2
ul. Kopernika 2, Karpacz
✆ 75-761 96 52
www.muzeumsportu.dolnyslask.pl
Tägl. außer Mo 9–17 Uhr
Eintritt 8/6 zł
Ausgestellt sind alte Skier, Schnee-
schuhe, Schlitten und Bobschlit-
ten. Ein Teil der Ausstellung beschäftigt sich mit Geologie und

Geschichte des Riesengebirges sowie der Pflanzen- und Tierwelt.

🅒 Kościół Wang/Wang-Kirche
➡ G2

Na Śnieżkę 8, Karpacz
www.wang.com.pl
15. April–Okt. 9–18, Nov.–15. April 9–17 Uhr, Eintritt 10/5 zł
Als die Holzkirche in Vang 1841 zu klein wurde, verkauften die Norweger sie an den preußischen König Friedrich Wilhelm IV. für 427 Mark. Er ließ sie in Krummhübel aufbauen und kam zur Einweihung 1844 mit der ganzen Familie.

Katowice/Kattowitz ➡ H5
Die größte Stadt von Oberschlesien wurde erst Ende des 19. Jahrhunderts zur Großstadt. Nach 1945 war sie das Aushängeschild der kommunistischen Industrialisierung und Hauptstadt der Region. Architektonische Sehenswürdigkeiten sind in Kattowitz eher Mangelware, mit Ausnahme der **Jugendstilhäuser** rund um den Hauptbahnhof. Hier befindet sich auch das schönste Hotel der Stadt: das Hotel Monopol.

Wahrzeichen der modernen Stadt ist die riesige **Sporthalle,** die im Volksmund Spodek (Fliegende Untertasse) genannt wird und 11 000 Besucher fasst. Gegenüber erhebt sich das gewaltige Pomnik Powstańców Śląskich (Denkmal der schlesischen Aufständischen), das an die bürgerkriegsähnlichen Auseinandersetzungen zwischen deutschen und polnischen Schlesiern in den Jahren 1919–21 erinnert.

Südöstlich des Zentrums gibt es zwei interessante Beispiele für **Arbeitersiedlungen des früheren 20. Jahrhunderts.** Nikiszowiec (Nikischschacht) wurde für die Kumpel des Bergwerks Giesche nach Plänen der Berliner Architekten Georg und Emil Zillmann

Wie sehr die Industrialisierung Kattowitz beeinflusst hat, lässt sich gut am Wappen erkennen

zwischen 1908 und 1924 errichtet. Die Häuser aus roten Ziegelsteinen mit großen Innenhöfen bilden in sich geschlossene Häuserreihen. Im Haus Nr. 4, der ehemaligen Wäscherei, befindet sich ein kleines Museum zur Geschichte des Viertels. Zu sehen ist auch eine typische Bergmannswohnung der 1920er Jahre. Im ehemaligen Gebäude des Schachts Wilson wurde eine Galerie für junge Kunst eingerichtet.

🏛 Galeria Szyb Wilson/
Galerie Schacht Wilson ➡ H5
ul. Oswobodzenia 1, Katowice
✆ 32-730 32 20
www.szybwilson.org
Tägl. 9–19 Uhr
Moderne und interaktive Kunst auf 2500 m² Ausstellungsfläche.

🏛 Muzeum Śląskie/
Schlesisches Museum ➡ H5
ul. T. Dobrowolskiego 1, Katowice
✆ 32-213 08 70
www.muzeumslaskie.pl
Tägl. außer Mo 10–20 Uhr
Eintritt 27/18 zł

Der Neubau des Schlesischen Museums in Kattowitz

Das Museum befindet sich seit 2016 auf dem Gelände des Kohlebergwerks Katowice und zeigt eine gelungene Verschmelzung moderner Architektur mit dem postindustriellen Erbe. In unterirdischen Sälen werden alte Sakralkunst, schlesische und polnische Malerei von 1800–1939 sowie polnische Kunst nach 1945 ausgestellt. Besonders populär ist die Ausstellung Swiatlo Historii (Das Licht der Geschichte) über Schlesien.

⊚ 🛏 **Hotel Monopol** ➡ H5
ul. Dworcowa 5, Katowice
✆ 32-782 82 82
www.monopolkatowice.hotel.com.pl
Der prächtige Jugendstilbau gilt seit den 1920er Jahren als eines der vornehmsten Hotels in Polen.

Ausflugsziel:

⊚ 🎭 🏛 **Chorzów/Königshütte**
➡ H5
Die Stadt schließt direkt an Katowice an, als Pufferzone dient der Silesia Park, der Schlesische Park (www.parkslaski.pl). Zu ihm gehört der Zoologische Garten sowie der Górnośląski Park Etnograficzny (Oberschlesisches Freilicht-

museum). Dort werden Beispiele für die Holzarchitektur Oberschlesiens gezeigt, darunter alte Wohnhäuser, Sakralbauten, Gebäude der Dorfhandwerker, ein Wirtshaus und ein Kornspeicher.

Kłodzko/Glatz ➡ H3
Seit dem 11. Jahrhundert war das Glatzer Land ein Zankapfel zwischen Polen, Böhmen, Österreich und Preußen. Die Stadt, die bereits 981 erwähnt wurde, liegt malerisch an der Nysa Kłodzka (Glatzer Neisse). Auf dem Marktplatz steht das ursprünglich im gotischen Stil erbaute **Rathaus** mit einem mächtigen Renaissance-Turm von 1654.

Eine Gasse führt zur **gotischen Steinbrücke** (most św. Jana), die von lebensgroßen barocken Statuen flankiert ist – und an die Prager Karlsbrücke erinnert. Sie führt über den Mühlgraben (Kanał Młynówka) auf die **Sandinsel,** wo sich das barocke Franziskanerkloster befindet. Die **gotische Pfarrkirche Mariä Himmelfahrt** (Kościół Wniebowzięcia Najświętszej Marii Panny) mit zwei unvollendeten Türmen gilt dank der reichen Innenausstattung als eines der wertvollsten

Die gotische Steinbrücke in Glatz

Schon der junge Chopin fuhr nach Bad Reinerz zur Kur

Monumente der Sakralarchitektur in der Region.

Die gesamte **Altstadt** ist unterkellert. Die mehrgeschossigen, miteinander verbundenen Kellergewölbe wurden von Kaufleuten als Lagerräume benutzt und können heute besichtigt werden.

ℹ️ **Tourist Information** ➡ H3
ul. Czeska 24, Kłodzko
☎ 74-865 46 89, 74-663 18 00, 519-40 91 81
www.klodzko.pl
www.centrum.klodzko.pl

📷 **Podziemna Trasa Turystyczna**
ul. Zawiszy Czarnego, Klodzko
☎ 74-873 64 77
www.podziemia.klodzko.pl
April–Okt. 9–18, Nov.–März 9–15 Uhr, Eintritt 14/10 zł
Die unterirdische Tour durch die mittelalterlichen Kellergewölbe endet am Eingang zur Festung, die sich auf dem Schloßberg über der Stadt erhebt.

🏛 **Twierdza Kłodzko/ Festung Glatz** ➡ H3
ul. Grodzisko 1, Kłodzko
☎ 74-867 34 68
www.twierdza.klodzko.pl

Nov.–März 9–15, April–Okt. 9–18 Uhr, Eintritt 25/20 zł
Die Festung wurde an Stelle des alten Schlosses im 17 Jh. von den Habsburgern errichtet und unter dem preußischem König Friedrich II. ausgebaut. Zur Anlage gehörte auch ein Netz aus kilometerweiten unterirdischen Gängen. Seit Mitte des 19. Jh. diente sie als Gefängnis für Dissidenten.

Ausflugziel:

👁 **Duszniki-Zdrój/Bad Reinerz** ➡ H3
Der berühmte polnische Komponist Fryderyk Chopin kam als 16-jähriger Junge zur Kur nach Bad Reinerz. Schon Anfang des 19. Jahrhunderts gehörte der Ort zu den bedeutendsten Herzheilbädern Europas. Dem Komponisten zu Ehren wird hier seit 1946 jedes Jahr das Internationale Chopin-Festival veranstaltet (www.festival.pl). Um den Altstadtmarkt sind mehrere Häuser aus dem 17. und 18. Jahrhundert erhalten. Die Stadt war außerdem seit dem 17. Jahrhundert ein bekanntes Zentrum der Papierherstellung.

Das Museum der Papierherstellung in Bad Reinerz

🏛 **Muzeum Papiernictwa/
Museum der Papierherstellung**
➡ H3
ul. Kłodzka 42
Dusznicki Zdrój
☎ 74-862 74 00, 74-862 74 01
www.muzeumpapiernictwa.pl
Mai–Aug. Mo–Sa 9–18, So 9–15,
Sept./Okt. Mo–Sa 9–17, So 9–15,
Nov.–April tägl. außer Mo 9–15
Uhr, Eintritt 20/15 zł
Seit 1605 wird in der Papiermühle
Papier hergestellt. Anfang des
19. Jh. gehörte sie zu den fünf
berühmtesten Papierherstellern
Europas. In der Ausstellung zur
Geschichte des Papiers sind alte
Drucke und Produktionsgeräte zu
sehen. In einem Workshop kann
man lernen selbst Papier zu
schöpfen. In der letzten Juliwoche
wird das Papierfest gefeiert.

Koniaków/Koniakau ➡ J5
Das kleine Dorf ist berühmt für
seine Spitze. Seit dem ausgehenden 19. Jahrhundert häkeln die
Frauen in Koniakow Tischdecken,
Läufer und Servietten. Dafür ver-
wenden sie ein besonders feines
Seidengarn. Vor 100 Jahren
schmückten feine Spitzendeck-
chen die meisten bürgerlichen
Stuben in Polen und in Deutschland. Als der Absatz von Tischwä-
sche nach der Wende einbrach,
sattelten die Spitzenmacherinnen
aus Koniakow um: Statt Decken
häkeln sie heute feine Unterwä-
sche – in verschiedenen Farben. In
Koniaków kann man die Frauen
bei der Arbeit beobachten.

🏛 **Muzeum Koronki/
Spitzenmuseum** ➡ J5
43-474 Koniaków
☎ 33-855 64 23
Mo–Fr nach Vereinbarung
Hier werden besten Arbeiten der
bekannten Spitzenkünstlerin Maria Gwarek ausgestellt, darunter
eine feine, unfertige Tischdecke,
die die inzwischen verstorbene
Gwarek der britischen Königin
Elisabeth zum Thronjubiläum
schenken wollte.

Ausflugsziele:

👁 **Krzeszów/Grüssau** ➡ J6
plac Jana Pawła II 1, Krzeszów
☎ 75-742 32 79
www.opactwo.eu
Mai–Okt. tägl. 9–18, Nov.–April
tägl. 9–15 Uhr
Eintritt 20/15 zł
Das Zisterzienserkloster wurde im
13. Jh. gegründet und später immer wieder erweitert. Der zen-

trale Teil der prächtigen Kloster-
anlage ist die barocke Abteikirche
Mariä Himmelfahrt (Bazylika
Wniebowzięcia). Neben dem
Hochaltar befindet sich die Gruft
der Piastenherzöge. Als größter
Schatz gilt die Ikone der gnädigen
Gottesmutter aus dem 13 Jh., das
älteste erhaltene Marienbildnis in
Polen.

Karkonoski Park Narodowy/Nationalpark Riesengebirge ➡ G2

ul. Chałubińskiego 23, Jelenia Góra
✆ 75-755 33 48, 75-755 37 26
www.kpnmab.pl
Die höchste Erhebung der 36 km
langen Bergkette ist die 1602 m
hohe Śnieżka (Schneekoppe) an
der Grenze zu Tschechien. Während die alpine Stufe von Almen
bedeckt ist, dominieren in den
tieferen Lagen Nadelwälder und
Hochmoore. Vom Frühjahr bis in
den Herbst lädt die urige Gebirgs-
landschaft zu ausgedehnten Spa-
ziergängen und Wanderungen
ein. Ein gut ausgebautes Wege-
netz führt an reißenden Gebirgs-
bächen, eiszeitlichen Seen und
seltsamen Felsformationen vorbei, wie Skały Pielgrzymy (Pilger-
steine), Trzy Świnki (Saufelsen)
oder Kukułcze Skały (Kuckucksfel-

sen). Im Winter lockt der Park
zahlreiche Wintersportler an.

Kudowa-Zdrój/Bad Kudowa ➡ H3

Die etwa 10 000 Einwohner zäh-
lende Stadt am Fuße des **Góry
Stołowe** (Heuscheuergebirges) ist
der größte Kurort des Glatzer
Berglands. Die hiesigen Mineralquellen wurden im 16. Jahrhundert entdeckt, doch erst 1787
begann Kudowas damaliger Besitzer, Freiherr von Stillfried, mit
dem Bau der modernen Bäder.
Eine ungewöhnliche Attraktion
stellt die Friedhofskapelle im
Stadtteil Czermna (Grenzeck) dar.

Tourist Information ➡ H3

ul. Zdrojowa 44, Kudowa Zdrój
✆ 74-866 35 68, 74-866 13 87
www.kudowa.pl

Kaplica Czaszek/Schädel-Kapelle ➡ H3

ul. Stanisława Moniuszki 8
Kudowa-Zdrój
✆ 74-866 14 33, 605-54 09 27
www.czermna.pl
Tägl. außer Mo Mai–Juni 9–17.45,
Juli–Sept. 9.30–17.15, Okt. 10–17,
Nov.–April 10–16 Uhr
Eintritt 6/3 zł

Aussicht von der meteorologischen Station auf der Spitze der Schneekoppe

Die Kapelle wurde 1776 von dem Priester Wacław Tomaszek erbaut. Ihre Wände und Gewölbe sind mit rund 3000 Schädeln und unzähligen Knochen verkleidet, die von den Opfern der zwei Schlesischen Kriege stammen, die 1740–42 und 1744/45 die Gegend verwüsteten.

Ausflugsziel:

Park Narodowy Gory Stołowe/Nationalpark Heuscheuergebirge ➡ H3
ul. Słoneczna 31, Kudowa-Zdrój
✆ 74-866 14 36, 74-866 20 97
www.pngs.com.pl
Unmittelbar am Stadtrand von Kudowa beginnt der Nationalpark Góry Stołowe mit seinen Tafelbergen, die vor etwa 80 Millionen Jahren entstanden sind. Wind und Wetter haben aus dem Sandstein bizarre Formen und Figuren herausgemeißelt. Höchste Erhebung ist der 919 Meter hohe Szczeliniec Wielki (Große Heuscheuer). Rund 100 Kilometer gut markierte Wanderwege führen zu den interessantesten Gesteinsformationen. Zu den bekanntesten gehören die Błędne Skały (Wilden Löcher), ein Felsenlabyrinth mit vielen verwinkelten Schluchten, sowie die Skalne Grzyby (Pilzfelsen).

Lądek-Zdrój/Bad Landeck
➡ H3
Für die beste Werbung sorgte Preußenkönig Friedrich der Große: »Die Bäder von Landeck haben mir den Gebrauch meiner Füße wieder gegeben und gegenwärtig scheint es mir fast, als habe ich die Gicht nie gehabt«, schrieb er 1765 nach einer erfolgreichen Kur. Zu den Gästen des Kurorts gehörten später auch Preußenkönig Friedrich Wilhelm III., Zar Alexander I. sowie die Dichter Johann Wolfgang von Goethe und Iwan Turgeniew. Das klassizistische Kurhaus »Wojciech« (ehem. Marienbad), ein wuchtiger Rundbau mit Kuppel im Neorenaissance-Stil, beherbergt eine Trinkhalle, in der Kurgäste Mineralwässer aus den verschiedenen Quellen Landecks kosten können.

ℹ Tourist Information ➡ H3
pl. Staromłyński 5
Lądek-Zdrój
✆ 74-748 14 62 45
www.ladek.pl

Das Kurhaus »Wojciech« in Bad Landeck

Bunzlauer Keramik

Früher kannte fast jede deutsche Hausfrau die Bunzlauer Keramik mit den typischen blau-weißen Tupfen, Streublümchen und Pfauenaugen, die seit dem 17. Jahrhundert in Bolesławiec/Bunzlau in Handarbeit hergestellt wurde. Heute übernehmen die Maschinen einen Teil des Jobs. Zunächst wird eine flüssige Masse in

Typische Bunzlauer Keramik: Das Pfauenaugenmuster wird bis heute per Hand aufgetragen

Formen gegossen. Die Rohlinge werden getrocknet und das erste Mal bei 800 Grad gebrannt. Dann beginnt die Handarbeit: die Verzierung. Arbeiterinnen stempeln kleine Pfauenaugen, Sterne, Blümchen und Tupfen auf die trockenen Tonwaren auf. Zum Bemalen einer Tasse benötig eine erfahrene Malerin 15 bis 20 Minuten. Dann wird die Keramik in eine Glasur eingetaucht und ein zweites Mal gebrannt. Nach dem Brennen werden die Motive dunkelblau – die traditionelle Farbe der Bunzlauer Keramik.

Legnica/Liegnitz ➡ G3

Die Stadt nahm im 9. Jahrhundert ihren Anfang und war von 1248 bis 1675 die Residenz eines Piasten-Herzogtums. Knapp zehn Kilometer außerhalb der Stadt liegt Legnickie Pole/Wahlstatt, wo deutsch-polnische Truppen unter dem schlesischen Herzog Heinrich dem Frommen 1241 durch die mongolischen Truppen unter Batu, dem Enkel von Dschingis Khan, besiegt wurden. Der Herzog fiel auf dem Schlachtfeld. Zum Glück für Europa starb der alte Khan in der Mongolei und Batu kehrte nach seinem Sieg zurück, um bei der Wahl des neuen Khans dabei zu sein. So entging das Abendland einer Katastrophe. Zu Ehren des gefallenen Sohnes gründete Herzogin Hedwig gemeinsam mit Heinrichs Witwe in Wahlstatt eine Benediktinerabtei. Die Klosterkirche von 1731 gilt als ein Meisterwerk des Barock.

ⓘ Tourist Information ➡ G3
Rynek 25, Legnica
☏ 76-722 00 10
www.infolegnica.pl

Nysa/Neisse ➡ H4

Die Breslauer Erzbischöfe, die nach dem Sieg der Reformation in Breslau nach Neisse umgezogen waren, prägten das Bild der Stadt. Sie ließen so viele Kirchen und Klöster bauen, dass die Stadt den Beinamen »Schlesisches Rom« bekam. Den Mittelpunkt der Stadt bildet die spätgotische Bazylika św. Jakuba (Jakobus-Pfarrkirche). Am Markt befindet sich das manieristische Gebäude der Stadtwaage.

Nysa wurde im Zweiten Weltkrieg stark zerstört und mühsam wieder aufgebaut. Vor den Toren der Stadt enstand 1970 der Otmuchów-Stausee, der zusammen mit dem Jezioro Nyskie die »Neisser Riviera« bildet. Das Revier eignet sich hervorragend zum Segeln und Windsurfen, es gibt ein paar Sandstände sowie Campingplätze und Hotels.

ⓘ Tourist Information ➡ H4
Bastion św. Jadwigi
ul. Piastowska 19, Nysa
☏ 77-433 49 71, 602-65 41 28
www.informacja-turystyczna.nysa.pl

Opole/Oppeln ➧ H4

Die Stadt an der Oder ist die ungeschriebene Hauptstadt der deutschen Minderheit in Polen. Die ursprünglich polnische Stadt kam 1327 unter böhmische, 1532 unter österreichische und 1742 unter preußische Herrschaft. Das älteste erhaltene Bauwerk ist der **Piastenturm** auf der Oderinsel Pasieka (Pascheke), ein Überbleibsel der zerstörten Burg aus dem 14. Jahrhundert. Unweit des Burgturms befindet sich das Amphitheater, in dem seit 1963 das Festival des Polnischen Liedes stattfindet, der wichtigste Song-Contest des Landes. In einem modernen Bau hinter den Zuschauerrängen wurde 2009 das Muzeum Polskiej Piosenki (Museum des polnischen Liedes) eingeweiht.

Die alte Groschenbrücke führt über den Mühlenkanal zur **Altstadt.** In der Mitte des Marktplatzes befindet sich das 1818–24 umgebaute Rathaus, die barocken und klassizistischen Bürgerhäuser rund um den Markt beherbergen heute Restaurants, Cafés und Biergärten.

Drei Kirchen bestimmen das Bild der Altstadt. Im Norden befindet sich die gotische Katedra Św. Krzyża (Heilig-Kreuz-Kathedrale). Sie wurde im frühen 15. Jahrhun-

dert errichtet und später um die beiden neogotischen Türme erweitert. Kościół Franciszkanów (Franziskanerkirche) stammt aus der Mitte des 14. Jahrhunderts und ist Grablege der piastischen Fürsten. In der Krypta befinden sich 13 Steinsärge mit den sterblichen Überresten der Herrscher von Opole und Racibórz (Ratibor), in der Piasten-Kapelle (auch hl. Anna Kapelle genannt) die Grabmale für die Oppelner Piasten Bolko I., Bolko II. und Bolko III. sowie für die Fürstin Anna von Auschwitz. Die Marienkirche grenzt die Altstadt im Osten ab.

ℹ **Tourist Information** ➧ H4
Rynek 23, Opole
℡ 77-54 11 987
www.opole.pl

🏛 **Muzeum Polskiej Piosenki/ Museum des polnischen Liedes** ➧ H4
ul. Piastowska 14A, Opole
℡ 77-441 34 86
www.muzeumpiosenki.pl
Di–So 10–18 Uhr, Eintritt 17/13 zł
Hier kann der Besucher die polnischen Schlager der Vergangenheit und deren Interpreten kennenlernen. In einer Ausstellung sind verschiedene Musikinstrumente zu sehen.

Oppeln ist das Zentrum der deutschen Minderheit in Polen

Nein, die sind nicht echt: Dinosaurier-Modelle im Jura-Park Krasiejów

🏛 **Muzeum Śląska Opolskiego/ Museum des Oppelner Schlesiens** ➡ H4
ul. św. Wojciecha 13, Opole
✆ 77-453 66 77, 77-454 46 11
www.muzeum.opole.pl
Di–Fr 9–16, Sa/So 11–17 Uhr
Eintritt 10/6 zł
Das Museum im ehemaligen Jesuitenkolleg am Mały Rynek (Kleiner Marktplatz) zeigt gotische Skulpturen und Tafelmalereien sowie polnische Malerei des 19. und 20. Jh.

🏛🚶 **Muzeum Wsi Opolskiej/ Museum des Oppelner Dorfs** ➡ H4
ul. Wrocławska 174, Opole
✆ 77-457 23 49, 77-474 30 21
www.muzeumwsiopolskiej.pl
April–Okt. Mo 10–15, Di–Fr 10–17, Sa/So 10–18, Nov.–März Mo–Fr 10–15 Uhr, Eintritt 9. April–15. Okt. 12/6 zł, sonst 3/1 zł
In dem Freilichtmuseum am westlichen Stadtrand befinden sich u. a. eine hölzerne Dorfkirche, zwei Windmühlen und eine Wassermühle.

Ausflugsziel:

🏛🚶 **Park Nauki i Rozrywki-Jura-Park Krasiejów/Jurapark Krascheow** ➡ H5

ul. 1 Maja 10, Krasiejów
✆ 77-46 548 00, 519-34 61 49
www.juraparkkrasiejow.pl
Mo–Fr 9–18, Sa/So 10–19 Uhr
Eintritt 70/58 zł
Im Paläontologischen Museum ist das Skelett des 230 Millionen Jahre alten Silesaurus Opolensis zu sehen, einer der ältesten Dinosaurierarten der Welt. In unmittelbarer Nachbarschaft lädt der Jura-Park Krasiejów zu einer Abenteuerreise in die Welt der Dinosaurier ein.

Polanica-Zdrój/Bad Altheide ➡ H3
Der kleine Kurort, der im frühen 20. Jahrhundert seine Blüte erlebte, liegt im Glatzer Bergland, direkt am Rand des **Góry Stołowe (Heuscheuergebirges)**. Die hiesigen Mineralquellen wurden zwar seit dem 16. Jahrhundert genutzt, ein echter Kurbetrieb startete aber erst 1828. Der Breslauer Stadtrat Georg Haase ließ Anfang des 20. Jahrhunderts eine moderne Infrastruktur errichten. Heute können Kurgäste und Patienten im Glatzer Bergland **sechs Sanatorien** der Kurgesellschaft Zespół Uzdrowisk Kłodzkich nutzen (www.uzdrowiska-pgu.pl).

Altstadt von Schweidnitz in Niederschlesien

Im Kurpark befindet sich die schöne **Jugendstil-Trinkhalle** von 1913, die über einen Gang mit der Konzerthalle verbunden ist. An den Park schließen die Bädereinrichtungen an. Das 1906 errichtete Kurhaus wird heute als Sanatorium »Wielka Pieniawa« genutzt. Das Gebäude mit seinen großzügigen Wintergärten verfügt über eine Therme sowie ein modernes Spa.

ℹ **Tourist Information** ➡ H3
ul. Parkowa 15
Polanica-Zdrój
✆ 74-868 24 44, 607-55 27 05
www.polanica.pl

Racibórz/Ratibor ➡ H5

Die Stadt ist an einer alten Furt über die Oder entstanden, die erste Wallburg sollte im 11. Jahrhundert den Flussübergang schützen, der von Mähren nach Krakau führte. Im 13. Jahrhundert wurde die Holzburg durch eine Steinburg ersetzt, die im 17 Jahrhundert neu und größer errichtet wurde. An die **Burg** lehnt sich die **gotische Kapelle** an, die Ende des 13. Jahrhunderts vom Breslauer Bischof Tomasz II. gestiftet wurde. 1742 fiel Ratibor an Preußen.

ℹ **Tourist Information** ➡ H5
Zamek Piastowski/Burg Ratibor
ul. Zamkowa 2, Racibórz
✆ 32-700 60 52, www.raciborz.pl

Świdnica/Schweidnitz ➡ G3

Die Stadt wurde im 13. Jahrhundert erstmals urkundlich erwähnt, doch sie entwickelte sich schnell unter der Herrschaft der Piasten-Herzöge. Damals wurde die Stadt durch ihr Bier, ihre Tücher und Messer in ganz Europa berühmt. Aus dem 14. Jahrhundert stammt die **gotische Pfarrkirche** (Kościół Sw. Stanislawa) mit dem höchsten Kirchturm Schlesiens (103 m). Mit dem Dreißigjährigen Krieg kam der Niedergang, die Stadt wurde völlig zerstört, 17 000 Einwohner starben 1633 an der Pest. Heute prägen vor allem **barocke Bauten** das Bild der als Perle des schlesischen Barock bezeichneten Stadt. Seit 20 Jahren findet hier ein Bach-Festival statt.

ℹ **Tourist Information** ➡ G3
ul. Wewnętrzna 22, Świdnica
✆ 74-852 02 90
www.um.swidnica.pl

📷 **Kościół Pokoju/ Friedenskirche** ➡ G3
pl. Pokoju 6, Świdnica

☎ 74-852 28 14, 603-33 15 78
www.kosciolpokoju.pl
April–Okt. Mo–Sa 9–18, So 12–18,
Nov. Mo–Sa 9–16.30, So 12–16.30,
Dez.–März Mo–Sa 9–15, So 12–15
Uhr, Eintritt 12/5 zł
Ihre bekannteste Sehenswürdigkeit verdankt die Stadt der Fehde zwischen Katholiken und Protestanten. Kaiser Ferdinand III. sah sich nach 1648 zwar gezwungen, den Bau einer protestantischen Kirche zu genehmigen, doch nur unter Auflagen: Die Protestanten durften nur vergängliche Materialien wie Holz, Lehm und Stroh für den Bau benutzen und mussten auf Turm und Glocken verzichten. Die Schweidnitzer Friedenskirche, die im Dezember 2001 von der UNESCO zum Weltkulturerbe erklärt wurde, bietet 7500 Besuchern Platz und gilt als die größte Holzkirche Europas.

👁🖼 **Wieża Ratuszowa/
Rathausturm** ➡ G3
ul. Wewnętrzna 4 (Rynek)
Świdnica
☎ 730-79 66 26
www.wieza.swidnica.pl
Tägl. außer Mo 10–18 Uhr
Eintritt 2/1 zł
Der alte Turm von 1763 kippte 1967 um. 2012 wurde der 58 m hohe Turm wieder aufgebaut und für Besucher eröffnet. Zu der Aussichtsplattform gelangt man entweder über die Treppe oder mit dem Aufzug.

Ausflugsziel:

👁 **Krzyżowa/Kreisau** ➡ F2
www.krzyzowa.org.pl
Auf dem Gut der Familie von Moltke in Kreisau haben sich während des Zweiten Weltkrieges Hitler-Kritiker getroffen, um über eine Nachkriegsordnung in Deutschland ohne die Nationalsozialisten zu diskutieren. Nach dem missglückten Attentat auf Adolf Hitler durch Claus Schenk von Stauffenberg am 20. Juli 1944 wurden viele Mitglieder des Kreisauer Kreises festgenommen und hingerichtet. 45 Jahre später trafen sich die damaligen Regierungschefs von Polen und Deutschland, Tadeusz Mazowiecki und Helmut Kohl, in Kreisau und nahmen an einer »Versöhnungsmesse« teil. 1998 wurde auf dem Gut eine europäische Begegnungstätte eröffnet, die ein reiches Kultur- und Austauschprogramm anbietet. Besonders beliebt ist das Flamenco-Festival alljährlich im Juli.

Gebaut aus Holz, Lehm und Stroh: Friedenskirche in Schweidnitz

Szczawno-Zdrój/
Bad Salzbrunn ➡ G3

Im Jahr 1815 wurde das erste Kurhaus eröffnet. Zu den Kurgästen gehörte der berühmte polnische Komponist Henryk Wieniawski – ihm zu Ehren wird seit 1966 ein internationales Violinfestival im Rokoko-Saal des Kurtheaters veranstaltet.

Ein Schmuckstück ist die **Trinkhalle,** die durch eine 77 Meter lange Wandelhalle mit dem Biały Salon (Weißen Salon) verbunden ist. Hier trifft man sich wie schon vor 100 Jahren abends zum Tanz. Der Kurkomplex ist von zwei großen Parks umgeben, dem Kurpark und dem Schwedischen Park. Das Geburtshaus des späteren Literatur-Nobelpreisträgers Gerhart Hauptmann wird heute ebenfalls als Kurhaus genutzt.

[i] Uzdrowisko Szczawno-Jedlina/Kurortverwaltung Bad Salzbrunn ➡ G3
ul. H. Sienkiewicza 1
Szczawno-Zdrój
✆ 74-849 31 50, 572-72 98 49
Die durch einen Brand in 2018 zerstörte Naturheilanstalt wird wieder aufgebaut und soll 2020 die Arbeit aufnehmen.

**◉♫ Teatr Zdrojowy/
Kurtheater ➡ G3**
ul. Kościuszki 19, Szczawno-Zdrój
✆ 74-840 24 45
www.teatr-zdrojowy.pl
Das 1890 gebaute Rokoko-Theater gehört zu den schönsten Theatersälen in Polen. Seit 1966 ist es Schauplatz des Internationalen Violinfestivals zu Ehren des Komponisten Henryk Wieniawski.

Szklarska Poręba/
Schreiberhau ➡ G2

Seit dem 13. Jahrhundert wurden in der Region Gold und Edelsteine gefördert. Die Geschichte Schreiberhaus ist aber vor allem mit der Herstellung von Glas verbunden, die hier seit dem 14. Jahrhundert intensiv betrieben wurde. Die Glashütten brauchten viel Holzkohle, rund um Schreiberhau wurden alle Wälder abgeholzt. Im 19. Jahrhundert wurde der Ort an das Eisenbahnnetz angebunden, der Tourismus setzte ein. Heute ist Schreiberhau ein beliebter **Wintersportort** mit 19 Skiliften. Allein auf dem Reifträger (Szrenica; 1362 m) gibt es fünf Lifte und zehn Kilometer Abfahrten. Die Schönheit der Natur zog viele Bildhauer, Dichter,

Der Ort Schreiberhau ist besonders bei Wintersportlern beliebt

Goldzug von Wałbrzych

Legenden über einen versteckten Nazi-Zug, beladen mit geraubtem Gold und Kunstschätzen, geistern in der Region um Wałbrzych seit dem Zweiten Weltkrieg umher. Im Juni 2016 war die Aufregung groß, als der Leiter der Denkmalschutzbehörde in Warschau behauptete, man habe mit großer Wahrscheinlichkeit einen deutschen Panzerzug in einem Bergbautunnel bei Wałbrzych, 70 Meter unter der Erde, geortet. Gleich danach strömten Tausende Schatzsucher und TV-Reporter nach Waldenburg und begannen die Gegend auf der Suche nach dem Zug durchzukämmen. Bis heute haben sie ihn aber nicht gefunden.

Maler und Schriftsteller an. Das Wohnhaus von Gerhart Hauptmann ist heute ein Museum.

Alter Kohlezug im Museum Stara Kopalnia in Waldenburg

ℹ️ Tourist Information ➡ G2
ul. Jedności Narodowej 1a
Szklarska Poreba
☎ 75-754 77 40
www.szklarskaporeba.pl

Tarnowskie Góry/Tarnowitz ➡ H5

Hier ist die Wiege des schlesischen Bergbaus, seit dem 13. Jahrhundert wurden hier Erze abgebaut. Im 17. Jahrhundert gab es über 7000 Grubenstollen.

🔘🏛 Kopalnia Srebra/Silbermine ➡ H5
ul. Szczęść Boże 81
Tarnowskie Góry
☎ 32-285 49 96
Reservierung empfohlen
Sztolnia Czarnego Pstrąga/Stollen der Schwarzen Forelle
ul. Śniadeckiego/Repecka (etwa 1,5 km vom Museum)
www.kopalniasrebra.pl
Sept.–Mai tägl. 9–15, Juni Mo–Fr 9–15, Sa/So 9–17, Juli/Aug. Mo–Fr 10–16, Sa/So 9–17 Uhr
Eintritt 55/45 zł, nur Gruppenbesichtigungen
Die Stollen und Kammern der Silbermine liegen etwa 40 m unter der Erde. In der Sztolnia Czarnego Pstrąga fährt man mit einem Boot durch einen unterirdischen Kanal.

Wałbrzych/Waldenburg ➡ G3

Die im 12. Jahrhundert gegründete Stadt stieg im 19. Jahrhundert zu einem führenden Bergbau- und Industriezentrum auf. Es öffneten mehrere Bergwerke, es gab eine Maschinenfabrik, eine Glashütte und zwei Porzellanfabriken. Aus dieser Zeit stammen prunkvolle Bürgerhäuser am alten Markt sowie das neogotische Rathaus. Nach der Wende wurden die unrentablen Bergwerke geschlossen, dafür bauten aber Industriegiganten wie Toyota und Elektrulux neue Fabriken auf.

ℹ️ Tourist Information ➡ G3
Rynek 9, Wałbrzych
☎ 74-666 60 68
www.cit.walbrzych.pl

🏛 Centrum Nauki i Sztuki Stara Kopalnia/Wissenschafts- und Kulturzentrum Altes Bergwerk ➡ G3
ul. Wysockiego 29, Wałbrzych
☎ 74-667 09 70
www.starakopalnia.pl
Tägl. 10–18 Uhr, Eintritt 20/19 zł

Schloss Fürstenstein, das größte Schloss Schlesiens

Ein Blick in die Geschichte des Bergbaus: Zu besichtigen sind unterirdische Stollen, Maschinenräume und eine Schmiede, in der heute kunsthandwerkliche Workshops stattfinden.

Ausflugsziel:

 Zamek Książ/ Schloss Fürstenstein ➜ G3
ul. Piastów Śląskich 1
Wałbrzych
✆ 74-664 38 72
www.ksiaz.walbrzych.pl
Juni–Aug. tägl. 9–18, April/Mai, Sept./Okt. Mo–Fr 9–17, Sa/So 9–18, Nov.–März Mo–Fr 10–15, Sa/So 9–16 Uhr
Eintritt 34/24 zł (Schloss, Palmenhaus und Terassen), auch Nacht-Besichtigung möglich
Die größte Schlossanlage in Schlesien thront über der Hügellandschaft des Waldenburger Berglandes. Die erste Burg an dieser Stelle wurde bereits 1255 urkundlich erwähnt, sie war der Sitz der Piasten-Herzöge zu Schweidnitz-Jauer. Ende des 14. Jh. ging die Burg an die böhmische Krone über. Die Anlage wurde von den jeweiligen Herrschern immer wieder umgebaut und erweitert, aus der mittelalterlichen Festung wurde eine Burg mit Renaissance-, Barock- und Jugendstil-Elementen. Die letzten Besitzer aus dem Adelsgeschlecht von Hochberg wurden von den Nazis enteignet.

Das Schloss ist von weitläufigen Parkanlagen umgeben, ein Gestüt und ein Palmenhaus gehören zu der Anlage. Sehenswert ist das Stollensystem von Komplex Riese, das von den Nazis unter dem Schloss ausgehoben wurde. Rund 3000 Häftlinge des KZ Groß-Rosen trieben ab 1943 Tunnel und Bunker in den Felsen unter der Burg, in denen womöglich eine Kommandozentrale oder eine Waffenfabrik eingerichtet werden sollte. Die deutsche Kapitulation setzte den Bauarbeiten ein Ende. Der Komplex kann heute besichtigt werden.

Wambierzyce/Albendorf
➜ H2
Jedes Jahr strömen Zigtausende Wallfahrer nach Wambierzyce, um die Eichenskulptur der Maria mit dem Jesuskind auf dem Arm und einem Apfel zu sehen. Die Figur, die wahrscheinlich 1380 erschaffen wurde, werden wundertätige Kräfte nachgesagt. Sie befindet sich im Hochaltar der

barocken Basilika, die 1715 von dem Grafen Franz Anton gestiftet wurde. Zur Kirche führt eine ausladende Treppe hinauf. Gegenüber der Wallfahrtskirche befindet sich der Kalvarienberg mit Kapellen und Monumenten, die die Leidensgeschichte Jesu darstellen.

◉ Sanktuarium Wambierzyce ➡ H2
pl. Najświętszej Marii Panny 11 Wambierzyce
℅ 887-15 51 55
www.wambierzyce.pl

Wisła/Weichsel ➡ J5
Der kleine Erholungsort in den Schlesischen Beskiden ist den Fans des Skispringens gut bekannt. Seit einigen Jahren finden in dem Geburtsort der polnischen Skiflug-Legende Adam Małysz internationale Wettkämpfe statt. In der Nähe des Ortes, an den Hängen des Barania Göra, entspringt die Weichsel. Wisła bietet 150 Kilometer Wanderwege, der beliebteste führt zu einem Aussichtsturm auf dem Barania Gora, von dem man bei guter Sicht einen fantastischen Ausblick auf die Tatra hat.

ℹ Tourist Information ➡ J5
pl. B. Hoffa 3, Wisla
℅ 791-400 485, 33-855 34 56
www.wisla.pl
www.noclegi.wisla.pl

Zabrze/Hindenburg ➡ H5
Die im 13. Jahrhundert gegründete Stadt bietet einen Einblick in die Boomzeiten der Kohleindustrie vor 100 Jahren. Die Hauptattraktion ist das 1791 gegründete **Steinkohlebergwerk Königin Luise**, das nach der preußischen Königin benannt wurde, und das 1855 gegründete **Bergwerk Guido.** Sehenswert sind auch die alten Bergbausiedlun-

gen Borsig, Ballestrem und Donnersmarck, die sich seit dem Ende des 19. Jahrhunderts kaum verändert haben.

ℹ Tourist Information ➡ H5
Powstańców Śląskich 2/1, Zabrze
℅ 32-271 72 76
www.um.zabrze.pl

🏛 Muzeum Górnictwa Węglowego/Museum für Kohlebergbau ➡ H5
ul. 3 Maja 93, Zabrze
℅ 32-630 30 91
www.muzeumgornictwa.pl
Di/Mi, Fr 9–15, Do 9–18, Sa 10–14, So 12–17 Uhr, Eintritt frei
Das Museum in den Gebäuden des Guido-Bergwerks zeigt Geräte und Werkzeuge, die bei der Kohleförderung eingesetzt wurden.

🏛 ⛏ Sztolnia Królowa Luiza/ Stollen Königin Luise ➡ H5
ul. Wolności 410, Zabrze
℅ 32-271 40 77
www.sztolnialuiza.pl
Tägl. 8–18.30 Uhr
Eintritt 60/45 zł für überfluteten Stollen, sonst 45/35 zł
Die Besucher werden entweder mit dem Boot durch einen überfluteten Stollen gefahren oder besichtigen einen Stollen, der mitten durch ein Steinkohlelager gehauen wurde. Zu sehen ist u. a. eine in Betrieb befindliche alte Fördermaschine.

Der Altar mit der Holzskulptur der Maria in der Wallfahrtskirche von Albendorf

Bekannt ist die Stadt Żywiec vor allem für ihr Bier

Kopalnia Guido/ Bergwerk Guido ➡ H5

ul. 3 Maja 93, Zabrze
☎ 32-271 40 77
www.kopalniaguido.pl
Di–So 8.30–19.30 Uhr
Eintritt 55/45 zł
Mit dem Förderkorb fährt man zu den alten Sohlen 170 bis 320 m in die Tiefe. Ganz unten befindet sich die Ausstellung »Niveauvolle Kunst« (Sztuka na poziomie).

Złoty Stok/Reichenstein
➡ H3

Im Mittelalter war Reichenstein einer der bedeutendsten **Goldbergbau-Regionen** in Europa. Zwischen 1530 und 1560, der Blütezeit des örtlichen Goldabbaus, förderten Hunderte Minenarbeiter täglich 60 Wagen Erz, aus dem sie etwa 500 Gramm Gold gewannen. Bis zur Schließung im 17. Jahrhundert sind etwa 16 Tonnen Gold in Reichenstein gefördert worden. Später baute man in der Mine das Arsenerz ab, aus dem das Gift Arsen hergestellt wurde.

Kopalnia Złota/ Goldbergwerk ➡ H3

ul. Złota 7, Złoty Stok
☎ 74-817 55 08
www.kopalniazlota.pl
Tägl. 9–16, April–Okt. bis 18 Uhr (nur mit Führung), Eintritt 55/42 zł
Die Ausstellung im Gertrud-Stollen informiert über die Geschichte der Goldgewinnung. Ausgestellt sind Werkzeuge, Schmelzöfen und Kessel. Die Hauptattraktion

ist ein 8 m hoher Wasserfall im Schwarzen Stollen. Einige Stollen stehen unter Wasser und sind nur mit Boot passierbar. Unter Tage ist es kalt und feucht. Man kann versuchen mit professioneller Ausrüstung selbst Gold zu waschen. Um das Bergbaumuseum hat sich eine kleine Spaßindustrie angesiedelt: ein Klettergarten im Wald und eine Drahtseilbahn.

Żywiec ➡ J5

Die Stadt und die umliegenden Ländereien gehörten bis 1838 polnischen Königen und Magnaten. 1838 verkaufte Graf Adam Wielkopolski **Żywiec** an die Habsburger, die sogleich einen Palast und eine Brauerei (1856) bauten. Das **Bier** ist bis heute das Aushängeschild der Stadt und sogar jenseits der Grenzen Polens bekannt.

Erzfürstin Maria Christina von Habsburg, die nach dem Zweiten Weltkrieg zusammen mit ihrer Familie von den Kommunisten vertrieben wurde, kehrte 2000 nach **Żywiec** zurück und lebte bis zu ihrem Tod 2012 in einem Flügel des Familienschlosses.

ℹ Tourist Information ➡ J5

ul. Zamkowa 2, Żywiec
☎ 33-861 43 10
www.zywiec.pl
www.mosir-zywiec.pl

Muzeum Browaru Żywiec/ Brauereimuseum Żywiec ➡ J5

ul. Browarna 88, Żywiec
☎ 33-861 24 57
www.muzeumbrowaru.pl
Di–So 10–18 Uhr
Eintritt Museum 30/15 zł, Museum mit Brauerei 40 zł (nur über 18 J.)
Im Museum wird der Prozess des Bierbrauens erklärt und die Geschichte der Brauerei dokumentiert. Nach einem kurzen Rundgang durch die Brauerei (nur für Erwachsene) ist eine Degustation möglich.

Posen und Großpolen/ Poznań und Wielkopolska

Großpolen ist die Heimat der west-slawischen Polanen, die im 8. Jahrhundert in das Gebiet an der Warthe eingewandert sind. Die heidnischen Polanen mussten sich immer wieder gegen die benachbarten deutschen Marktgrafen behaupten, die für die Niederwerfung und Christianisierung der Heiden den Segen des Papstes besaßen. 966 ließ sich der Fürst Mieszko I. aus dem Haus der Piasten in Posen taufen – das Datum gilt als Geburtsstunde des polnischen Staates.

62 Jahre später, 1038, verlegte Kasimir I. der Erneuerer die Hauptstadt von Posen nach Krakau. Mit der zweiten Teilung Polens fiel Großpolen 1793 an Preußen und wurde erst nach dem Ersten Weltkrieg 1919 wieder polnisch. Die preußische Herrschaft hat tiefe Spuren hinterlassen, sowohl in der Architektur als auch in der Mentalität der Bevölkerung, die in Polen als besonders pünktlich, fleißig und gesetzestreu gilt.

Die Vista Points sind nach Posen alphabetisch sortiert.

❹ Poznań/Posen ➡ E3

Im 9. Jahrhundert erbauten die Polanen auf einer Insel in der Warthe, der Dominsel, eine Burg. 966 ließ sich der Polanen-Herzog Mieszko I. hier taufen und Vorgängerbauten der heutigen Marienkirche und der Peter-und-Paul-Kathedrale errichten. Posen wurde damit nicht nur erste Hauptstadt Polens, sondern 968 auch noch Bischofssitz. Auch nach der Verlegung der Hauptstadt nach Krakau blieb Posen ein wichtiges Zentrum für Handel und Kultur und ein Bollwerk des polnischen Staates im Westen, nicht zuletzt durch seine Lage an der Bernsteinstraße, der Nord-Süd-Verbindung von der Ostsee zum Mittelmeer. Diese Bedeutung als Handels- und Wissenschaftszentrum wuchs noch nach dem Niedergang des Deutschen Ordens und der Hanse.

Im 13. Jahrhundert verlagerte sich das Wirtschaftsleben auf das Westufer der Warthe, wo die Stadt im Schachbrettmuster um den Marktplatz angelegt wurde. Im 17. Jahrhundert wurde Posen im Krieg mit Schweden verwüstet, 1793 fiel die Stadt an Preußen, 1918 kam sie wieder zu Polen. Seit 1925 richtet Poznań eine internationale Handels- und Industriemesse aus. Heute gibt es in der fast 538 000-Einwohner-Stadt über 25 Museen, ein Dutzend Theater und viele private Galerien. Jedes Jahr im Juni findet das Internationale Straßentheater-Festival »Malta« statt, zu dem etwa 100 000 Besucher aus ganz Polen kommen.

Über 700 Jahre war der **Alte Markt** (Stary Rynek) ➡ cB3/4 Zen-

Posens Markenzeichen sind die bunten Renaissancebauten am Marktplatz

trum des politischen und wirtschaftlichen Lebens von Posen. Nach schweren Schäden im Zweiten Weltkrieg wurden die Altstadt und der Markt in den 1950er Jahren im Renaissance- und Barockstil wieder aufgebaut, darunter auch das nach der Feuersbrunst 1536 vom italienischen Architekten Giovanni Quadro aus Lugano im Renaissancestil umgebaute erste **Rathaus** (14. Jh.). Er hatte Loggien, eine Attika und einen Turm hinzugefügt. 1675 brannte es aus, 1725 richtete ein Sturm schwere Schäden an.

Jeden Mittag um 12 Uhr erklingt das Turmlied, dann öffnen sich die Metalltüren über der Turmuhr und die berühmten Posener Böckchen springen heraus. Sie stoßen zwölfmal mit den Köpfen zusammen. Einer Legende nach haben einst zwei Böcke auf den Treppen vor dem Rathaus randaliert, um auf ein Feuer aufmerksam zu machen. Auf diese Weise retteten sie die Stadt vor einer Feuersbrunst.

Ein besonders schönes Gebäude am Markt ist die **Apotheke** unter dem Weißen Adler, Nr. 41, die seit 1564 existiert. Haus Nr. 50 hat eine schöne gotische Fassade. Es heißt, König August II. von Sachsen sei nach einem nächtlichen Zechgelage aus einem Fenster des Hauses gefallen, überlebte den Sturz aber unbeschadet. Im Haus 52 lebte einst Mikolaj Ridt, ein reicher Händler, der sich in einen Werwolf verwandelt haben soll. Im Haus der Familie Grodzki, Nr. 45, wurde ein **Musikinstrumentenmuseum** eingerichtet, im Haus Nr. 84 befindet sich ein **Museum** für den polnischen Schriftsteller und Nobelpreisträger **Henryk Sienkiewicz**. Eine prächtige klassizistische Fassade schmückt den Palast der Familie Działyński, Nr. 78.

Direkt vor dem Rathaus stehen der **Proserpina-Brunnen** aus dem 18. Jahrhundert und ein Nachbau eines alten mittelalterlichen Prangers. Ein weiterer Brunnen zeigt die berühmte Figur der Bamberka, einer mit Krügen beladenen Frau in alten Trachten. Weiter südlich befinden sich die **Krämerhäuschen** der Markthändler, die ihre Waren in den Laubengängen feilboten, und die **Stadtwaage** (Waga Miejska). Die klassizistische **Hauptwache** (Odwach) wurde um 1780 erbaut.

Auf einer Anhöhe nordwestlich vom Altmarkt blieben noch die Reste der mittelalterlichen Befestigungsanlagen erhalten, darunter die im 13. Jahrhundert errichtete **Burg** (Zamek Przemysława) der Herrscher von Wielkopolska. In dem nach den Kriegszerstörungen wieder aufgebauten nördlichen Teil haben das **Kunstgewerbemuseum** und mehrere Kunstgalerien ihr Domizil und im **Palais Górka** in der Wodna-Straße ist das **Archäologische Museum** ➡ cB/cC4 untergebracht.

Südlich des Altmarkts steht die von italienischen Baumeistern 1651–1732 errichtete barocke **Pfarrkirche** (Kościół farny św. Stanisława), im Inneren beeindrucken Fresken, Säulen und vergoldete Kapitelle. Die wertvolle Orgel von Frederik Ladegast aus der zweiten Hälfte des 19. Jahrhunderts ist für ihren Klang berühmt, dem man bei einem der Orgelkonzerte lauschen kann. Im ehemaligen Jesuitenkolleg aus dem 18. Jahrhundert nebenan residiert die Stadtverwaltung.

Ein weiterer Anziehungspunkt für Touristen ist die durch die Chrobry-Brücke – benannt nach König Bolesław I. dem Tapferen – mit der geschäftigen Altstadt verbundene **Dominsel** (Ostrów Tumski) ➡ cA4. Deren stille Straßen säumen Häuser aus dem 18. Jahrhundert. Wo sich heute die dreischiffige gotische **Peter-und-Paul-Kathedrale** (Katedra św. Piotra i Pawła, 1356–1410) erhebt, soll König Mieszko I. 966 getauft worden sein. Im 17. und 18. Jahrhundert erhielt der Dom eine neue barocke Fassade sowie mehrere Kapellen.

Als die Kirche nach der Zerstörung im Zweiten Weltkrieg wieder aufgebaut werden sollte, fand man bei Ausgrabungsarbeiten Teile der Sarkophage der ersten beiden polnischen Könige Mieszko I. und Bolesław I. dem Tapferen. Heute ruhen beide in der Goldenen Kapelle. Die Bronzestatuen sind ein Werk des Berliner Künstlers Christian Rauch (Infos: www.katedra. archpoznan.org.pl.).

ℹ Tourist Information ➡ cB3/4
– Stary Rynek 59, Poznań
✆ 61-852 61 56
www.poznan.pl
www.poznan.travel.pl
Hier erhält man auch die Poznań Touristenkarte (2 Tage/65 zł, 3 Tage/79 zł).
– ul. F. Ratajczaka 44, Poznań
✆ 61-851 96 45
www.cim.poznan.pl

🏛 ◉ Muzeum Historyczne/ Historisches Museum ➡ cB3/4
Stary Rynek 1, Poznań
✆ 61-856 81 94, www.mnp.art.pl
Di–Do 9–15 (Mitte Juni–Mitte Sept. 11–17), Fr 12–21, Sa/So 11–18 Uhr
Eintritt 7/5 zł, Sa frei
In den gotischen Gewölbekellern des Rathauses werden die Ursprünge der Stadt dokumentiert. Besonders schön sind die Eingangshalle im Erdgeschoss und der Rokoko-Saal in der ersten Etage. Zu den wertvollsten Exponaten gehören ein Kruzifix aus dem 13. Jh. aus Limoges und eine Tischuhr mit dem Wappen von Posen von 1575. Im ersten Stock wird die Entwicklung der Stadt im 19. Jh. unter preußischer Herrschaft gezeigt.

🏛 Muzeum Narodowe/ Nationalmuseum ➡ cB3
al. Marcinkowskiego 9, Poznań

Historisches Museum in den Kellern des Posener Rathauses

✆ 61-856 80 00, www.mnp.art.pl
Im Sommer Di–Do 11–17, Fr 12–21, Sa/So 11–18, im Winter Di–Do 9–15, Fr 12–21, Sa/So 11–18 Uhr
Eintritt 12/8 zł, Sa frei
Eine reiche Sammlung polnischer Kunst des 20. Jh., darunter viele impressionistische Arbeiten.

◉ 🏛 Kościół św. Marii Panny/ Marienkirche ➡ cA4
ul. Ostrów Tumski 17, Poznań
Die kleine gotische Kirche wurde 1432–48 an Stelle einer romanischen Kapelle erbaut. An die Kirche schließt das mittelalterliche Psalterium an, wo bis heute Priester wohnen. Auf der anderen Straßenseite ist das **Erzdiözesemuseum** mit Gemälden, Skulpturen und liturgischen Gegenständen.

◉ Kościół św. Wojciecha/ Adalbertkirche ➡ cA3
ul. św. Wojciecha 1, Poznań
✆ 61-851 90 12
www.swietywojciech.archpoznan.pl
In der Krypta der Adalbert-Kirche aus dem 15. Jh. sind viele polnische Patrioten beigesetzt, darunter auch Jósef Wybicki, Autor der polnischen Nationalhymne »Noch ist Polen nicht verloren« (*Jeszcze Polska nie zginęła*).

Die Neue Oper ist seit 2006 das Wahrzeichen der Stadt Bromberg

🌳🎭🚢 **Malta** → östl. cB4

Der riesige Park um den künstlichen Malta-See im Osten der Stadt ist das wichtigste Erholungsgebiet der Posener. Ende Juni findet im Park das Malta-Festival mit Hunderten Straßentheater-Aufführungen und Konzerten statt (www.malta-festival.pl).

🍴 **Restauracja Ratuszowa**
→ cB3/4

Stary Rynek 55, Poznań
℡ 61-506 07 91 85
www.ratuszowa.pl
Tägl. 10–23 Uhr
Unter dem gotischen Kellergewölbe werden altpolnische Gerichte serviert. €€€

Biskupin → D4

Die 1933 entdeckte Biskupin gilt als eine der **besterhaltenen Siedlungen der Lausitzer Kultur** in Europa. Auf einer Halbinsel im Biskupiner See fanden die Archäologen die Überreste von 13 langen Reihenhäusern aus der früheren Eisenzeit, die von einem sechs Meter hohen Schutzwall umgeben waren. Dendrologische Untersuchungen ergaben, dass die Eichen in den Jahren 747 bis 722 v. Chr. gefällt worden waren. Alle Häuser in Biskupin besaßen denselben Grundriss, woraus die Forscher schließen, dass es in der

Gesellschaft keine ausgeprägte soziale Gliederung gab.

🏛 **Muzeum Archeologiczne w Biskupinie/Archäologisches Museum Biskupin** → D4

Biskupin 17, Gąsawa
℡ 52-302 50 55, www.biskupin.pl
Tägl. Sommer 9–18, Winter 9–16 Uhr
Eintritt 15/8 zł
Ein Teil der Schutzwallanlage mit Tor, einige Straßen und zwei Wohnhäuser sind rekonstruiert worden.

Bydgoszcz/Bromberg → D4/5

Die **drei Fachwerkspeicher** an der Brda (Brahe) aus dem 18. Jahrhundert galten früher als das Wahrzeichen der Stadt. Nun haben sie Konkurrenz bekommen: Auf der gegenüberliegenden Seite der Brahe wurde 2006 die **Neue Oper** eingeweiht. Das moderne Gebäude besteht aus drei sich überlappenden kreisförmigen Teilen. Der größte Saal fasst mehr als 800 Besucher. Im Frühjahr findet dort das jährliche Opernfest statt (www.opera.bydgoszcz.pl).

Mit rund 360 000 Einwohnern gehört Bydgoszcz zu den größten Städten Polens. Im Mittelalter war Bromberg der nördliche Außenposten der polnischen Krone, jenseits der Stadtgrenzen begann der Ordensstaat. Nach der Niederlage der Deutschritter im Dreizehnjährigen Krieg (1454–1466) fiel Westpreußen an Polen und Bromberg erlebte dank seiner Lage an Brahe und Weichsel einen wirtschaftlichen Aufschwung. Sprudelnde Einnahmen garantierte vor allem der Holzhandel – und auch das Bromberger Bier war eine begehrte Exportware. Die Blütezeit ging zu Ende, als schwedische Truppen zwischen 1655 und 1660 in Polen einfielen. Während des Zweiten Nordischen Krieges verwüsteten die Schweden die Stadt mehrmals. Erst unter der preußischen Herrschaft fand Bromberg wieder zur alten Bedeutung. Friedrich der Große ließ den Bromberger Kanal bauen, später wurde die Stadt durch eine neue Eisenbahn mit Berlin verbunden. Erst 1919 kehrte Bydgoszcz zu Polen zurück.

Kurz nach dem deutschen Überfall auf Polen am 1. September 1939 kam es in Bydgoszcz zu Auseinandersetzungen, bei denen viele deutschstämmige Bürger getötet wurden. Nach der Besetzung der Stadt übten die Hitler-Truppen Vergeltung. Bydgoszcz hat im Krieg ein Viertel seiner Bevölkerung verloren.

Das Herz der Stadt bildet die **Altstadt** südlich der Brahe. Rund um den rechteckigen Alten Markt (Stary Rynek) sind zahlreiche klassizistische Bürgerhäuser und das Rathaus aus dem 17. Jahrhundert erhalten. Nebenan befindet sich die **Pfarrkirche**, die 1466–1502 im spätgotischen Stil errichtet wurde. Sehenswert ist das aus dem 16. Jahrhundert stammende spätgotische Gemälde der Madonna mit der Rose am Hauptaltar.

Die **Mühleninsel** wurde in den vergangenen Jahren aufwendig saniert. Am Rande der Insel entstand 2012 eine moderne Marina. Die gegenüber der Mühleninsel liegende pittoreske Häuserreihe aus dem 19. Jahrhundert trägt den Namen Wenecja Bydgoska (Venedig von Bromberg).

ℹ️ Tourist Information ➡ D4/5
ul. Batorego 2, Bydgoszcz
✆ 52-340 45 50
www.visitbydgoszcz.pl

🏛 Muzeum Okręgowe/ Regionalmuseum ➡ D4/5
ul. Grodzka 7, Bydgoszcz
✆ 52-585 99 03
www.muzeum.bydgoszcz.pl
April–Okt. Di/Mi, Fr 10–18, Do 10–19, Sa/So 11–18, Nov.–März Di/Mi, Fr 9–16, Do 9–18, Sa/So 10–16 Uhr
Eintritt Einzelgebäude 5/3 zł, Sammelticket 12/8 zł
Das Museum befindet sich in vier verschiedenen Gebäuden auf der Mühleninsel, die durch einen schmalen Graben von der Altstadt getrennt ist. Der 1780 gebaute Weiße Speicher (Biały Spichlerz) beherbergt das Archäologische Museum, der benachbarte Rote Speicher eine Sammlung Moderner Kunst. In einem weiteren Gebäude ist die Münzsammlung untergebracht, in den Speichern an der Brahe die Werke des impressionistischen Malers Leon Wyczółkowski (1852–1936).

❌ Warzelnia Piwa ➡ D4/5
ul. Poznańska 8, Bydgoszcz
✆ 517-76 21 97
www.warzelniapiwa.pl
Tägl. 12–24 Uhr
Das Restaurant ist vor allem für seine Mikrobrauerei bekannt. Es gibt zwei Menüs – eines für Biertrinker und eines für Weingenießer. €€

Eine alte Straßenbahn dient in Bromberg als Tourist Information

Ciechocinek ➜ D5

Das hoch mineralisierte Wasser fließt in Ciechocinek aus **19 Thermalquellen** und macht den Ort zum **größten und bekanntesten polnischen Kurort.** Neben dem Trinken des Heilwassers gehören Inhalationen, Bäder sowie Torfumschläge zu den populären Heilmethoden. Das hiesige Mineralwasser wird seit 1902 unter dem Namen »Krystynka« in andere Regionen Polens verkauft (www. wodakrystynka.pl).

Die **Gradierwerke** von Jakub Graff aus dem 19. Jahrhundert sind fast 1750 Meter lang und 15,8 Meter hoch und gehören zu den größten in Europa. Die aus dem Grzybek(Pilz)-Brunnen heraufgepumpte Salzsole rieselt an den Wänden der Gradierwerke herab. Die Trinkhalle wurde 1880 bis 1881 errichtet. In den vergangenen Jahren sind mehrere luxuriöse Hotels eröffnet worden, die hochwertige Wellness-Behandlungen anbieten (www.ciechocinek-uzdrowisko.pl).

ℹ️ **Tourist Information** ➜ D5
ul. Zdrojowa 2b, Ciechocinek
℡ 54-416 01 60
www.ciechocinek.pl

Gniezno/Gnesen ➜ E4

Bereits Ende des 9. Jahrhunderts wurde Gnesen zum wichtigen Verwaltungszentrum des Polanen-Staates. Einer Legende nach wurde die Stadt vom Herzog Lech gegründet, just an der Stelle, wo er ein Nest mit einem weißen Adler entdeckte. Seitdem ist der weiße Adler Gnesens und Polens Wappentier. Nach der Annahme des Christentums ließ Mieszko I. hier 970 die erste steinerne Kirche bauen, in der seine Frau Dąbrówka beigesetzt wurde. Im Jahr 1000 empfing Bolesław Chrobry, Mieszkos Sohn, den Kaiser Otto III. in Gnesen, was der diplomatischen Anerkennung Polens durch das Heilige Römische Reich gleichkam.

🌐 **Katedra-Bazylika Prymasowska/Erzkathedrale** ➜ E4
Wzgórze Lecha, Gniezno
℡ 61-428 4080, www.archidiecezja. pl/parafie/sanktuaria/gniezno_-_ katedra_.html
Tägl. 8–19 Uhr
Eintritt inkl. Besichtigung der Bronzetür 4/3 zł
Die Erzkathedrale ist der Sitz des polnischen Primas, des Oberhauptes der Katholischen Kirche in Polen. Sie wurde im 15. Jh. an der Stelle einer romanischen Kathedrale errichtet. In dem barocken Silberschrein über dem Hochaltar werden die Reliquien des hl. Adalbert aufbewahrt, der 997 auf einer Missionsreise zu den heidnischen Pruzzen den Märtyrertod starb. Die wichtigsten Stationen im Leben des Heiligen werden auf der Bronzetür der Kathedrale aus dem Jahr 1175 dargestellt. In der Kathedrale wurde Bolesław Chrobry 1025 zum ersten polnischen König gekrönt. Sie blieb bis 1320 die Krönungskirche der polnischen Könige.

Ausflugsziele:

🌐🏛️ **Zamek w Gołuchowie/ Schloss in Gołuchów** ➜ F4
Gołuchów
℡ 62-761 50 94
www.mnp.art.pl/muzeum/oddzialy/ muzeum-zamek-w-goluchowie
Mai–Sept Di–Sa 10–16, So 10–18, Okt.–April Di–Fr 9–16, Sa/So 10– 16 Uhr, Eintritt 10/7 zł
Von dem ersten Schloss aus der zweiten Hälfte des 16. Jh. sind noch die Kellergewölbe erhalten. In den 1860er Jahren wurde es im Stil der französischen Renaissance erbaut. Modell standen die Schlösser an der Loire.

🌐🏛️❀ **Pałac w Rogalinie/ Palast in Rogalin** ➜ E3
ul. Arciszewskiego 2, Rogalin

Barocke Schönheit südlich von Posen: Schloss Rogalin

☎ 61-813 88 00
www.rogalin.mnp.art.pl
7. Jan.–April, Okt./Nov. Di–So
9.30–16, Mai/Juni, Sept Di–Fr
9.30–16, Sa/So 10–17, Juli/Aug.
Di–So 10–17 Uhr
Eintritt 35/25 zł
Der klassizistische Palast, errichtet
für den späteren Hofmarschall
Kazimierz Raczynski in den 1870er
Jahren, gehört zu den schönsten
in Großpolen. Er ist von Rokoko-
Gärten und einem Landschaftspark mit vielen alten Eichen umgeben.

Gorzów Wielkopolski/ Landsberg an der Warthe
➧ D2
Die Stadt an der Warthe wurde
1257 auf sieben Hügeln gegründet – wie einst Rom. Heute ist sie
ein wichtiges Wirtschaftszentrum
mit 150 000 Einwohnern. Das
Wahrzeichen der Stadt ist die **gotische Marienkathedrale** (Katedra
Wniebowzięcia Najświętszej Maryi Panny) am Alten Markt. Von
der Aussichtsplattform des 52 Meter hohen Wehrturms hat man
einen schönen Ausblick auf die
Stadt.
Gleich neben der Kathedrale
befindet sich der **Pauecksch-Brun-
nen,** der im 19. Jahrhundert vom
Industriellen Hermann Paucksch
gestiftet worden war. Die Figuren

stellen symbolisch die Gewerbe
dar, die der Stadt zu Wohlstand
verhalfen: Maschinenbau, Fisch-
fang und Schifffahrt. Die Wasser-
trägerin symbolisiert den Fleiß
der Landsberger Bürger.
Der beliebteste Treffpunkt der
Stadt ist seit einigen Jahren die
neu gestaltete **Promenade** an der
Warthe, Bulwar Nadwarciański.
Das Gelände am Flussufer wurde
mit Mitteln der EU saniert, Dutzende Restaurants und Cafés er-
öffneten seither.

ℹ️ **Tourist Information** ➧ D2
ul. Sikorskiego 107
Gorzów Wielkopolski
☎ 95-727 80 44
www.gorzow.pl

🏛️✿ **Muzeum Lubuskie/ Lebuser Museum** ➧ D2
ul. Warszawska 35
Gorzów Wielkopolski
☎ 95-732 28 43
www.muzeumlubuskie.pl
Eintritt 10/6 zł
Das Museum befindet sich in der
neobarocken Villa des Industriellen Gustav Schröder und ist von
einem Arboretum umgeben, in
dem etwa 150 Baum- und Strauch-
arten wachsen, darunter Magno-
lien, Platanen, Eiben und Ahorn.
Besonders interessant ist die
Sammlung von Zinn-Gegenstän-
den. In der Außenstelle des Mu-

Rathaus von Thorn

seums, die sich in einem alten fünfgeschossigen Getreidespeicher aus dem 18. Jh. an der Warthe befindet, wird vor allem historische und zeitgenössische Malerei ausgestellt.

🎵 **Jazz Klub Pod Filarami** ➡ D2
ul. Jagiełły 7
Gorzów Wielkopolski
www.jazzfilary.pl
℀ 489 57 22 87 80, 486 93 12 69 15
Di–Fr 16–22, Sa 17–23 Uhr
Seit seiner Eröffnung in den 1960er Jahren treten im Klub bekannte polnische und internationale Jazzmusiker auf.

Inowrocław/Hohensalza
➡ D4/5
Das Salz hat den Ort an der Bernstein-Route von der Ostsee nach Südeuropa reich und berühmt gemacht. Schon im 11. Jahrhundert fanden hier große Märkte statt, die Händler aus der ganzen Region lockten. Das älteste Gebäude ist die romanische Kościół Najświętszej Marii Panny (Marienkirche) aus dem 12. Jahrhundert, die nach einem Brand 1901 wieder aufgebaut wurde. Im 19. Jahrhundert wurden die ersten Kureinrichtungen gebaut, in denen rheumakranke Kin-

der in Solebädern behandelt wurden. Neben der Sole wird auch Heilschlamm für therapeutische Zwecke eingesetzt. 2009 ergänzte die Kurgesellschaft ihr Angebot um das moderne Medical-Spa-Hotel Solanki (www.solanki.pl).

ℹ **Tourist Information** ➡ D4/5
ul. Królowej Jadwigi 3
88-100 Inowrocław
℀ 52-355 53 71, 663-73 27 72
www.inowroclaw.pl

Toruń/Thorn ➡ D5
Die Welt kennt Thorn als die Geburtsstadt von Mikołaj Kopernik. Der berühmte Astronom, der »die Erde bewegte und die Sonne anhielt«, in Deutschland als Nikolaus Kopernikus bekannt, wurde hier 1473 geboren. Im Zweiten Weltkrieg wurde Thorn kaum zerstört und konnte sowohl seine mittelalterliche Pracht als auch den provinziellen Charme der preußischen Garnisonsstadt bewahren. Die Stadt wurde bereits im 11. Jahrhundert gegründet und konnte trotz der vielen Kriege und Herrschaftswechsel gedeihen. Der Deutsche Ritterorden baute hier 1233 eine Burg, von der aus er die Eroberung des Pruzzen-Landes betrieb. Unter der Ordensherrschaft trat die Stadt der Hanse bei. Nach der Niederlage des Ordens im Dreizehnjährigen Krieg gegen Polen ging Toruń an die polnische Krone und wurde zu einer der reichsten Handelsstädte an der Weichsel. Mit der Teilung Polens ging Thorn 1792 an Preußen und wurde erst 1919 wieder polnisch. Heute zählt Toruń rund 210 000 Einwohner und ist ein wichtiges Verwaltungszentrum.

In der **Altstadt** sind mehr als 200 gotische Gebäude erhalten, vor allem das mächtige **Rathaus** auf dem Rynek Staromiejski (Altstadtmarkt) aus dem 14. Jahrhundert mit seinem markanten viereckigen Turm ist imposant. Das Gebäude ist 52 mal 44 Meter groß und besitzt einen Innenhof. Im Großen Bürgersaal im 1. Stock fanden einst Sitzungen des Rates statt. Heute ist hier das Städtische Museum untergebracht. Vor dem Rathaus erinnert ein Denkmal von Friedrich Tieck aus dem Jahr 1853 an Nikolaus Kopernikus. Er hält eine Armillarsphäre in der Hand, ein astronomisches Gerät zur Darstellung der Bewegungen der Himmelskörper.

Die Altstadt überragt der massive Backsteinturm des **Sankt-Johannes-Dom** (Katedra Św. Jana). In der Kirche, deren Grundstein 1233 gelegt wurde, befindet sich ein Taufbecken aus dem 13. Jahrhundert, in dem Kopernikus vermutlich getauft wurde. Im Kirchenturm wurde im 15. Jahrhundert die sieben Tonnen schwere Glocke Tuba Dei aufgehängt, die zweitgrößte in Polen. Die aus dem 14. Jahrhundert stammende **Marienkirche** (Kościół Najświętszej Marii Panny) hat zwar keinen Glockenturm, dafür besitzt die dreischiffige Hallenkirche ein beeindruckendes Sternengewölbe. Zu der Innenausstattung gehören das geschnitzte Mönchsgestühl und mittelalterliche Wandmalereien. Ein herrliches Beispiel für sakrale Gotik ist auch die an der östlichen Ecke des Rynek Nowomiejski (Neustädtischer Markt) gelegene Jakobuskirche von 1309.

An die Herrschaft der Ordensritter erinnern die **Ruinen der Burg** am Weichselufer. Die Kreuzritter hatten 1233 mit dem Bau begonnen, 1454 wurde die Burg von Thorner Bürgern erobert und nach Beschluss des Stadtrates Stück für Stück abgetragen. Bis heute blieben nur Fragmente des Burggebäudes erhalten. Einzig der Dansker Turm, der den Rittern als Abort diente, befindet sich in einem guten Zustand.

Sehenswert sind die spätgotischen Bürgerhäuser aus dem 15. Jahrhundert, darunter das **Geburtshaus von Nikolaus Kopernikus** (ul. Kopernika 15/17), in dem sich das Kopernikus-Museum befindet. Das Haus zum Stern (Kamienica Pod Gwiazdą, Rynek Staromiejski 35) auf dem Altstädtischen Markt mit seiner Barock-Fassade beherbergt heute eine Ausstellung fernöstlicher Kunst.

Im 19. Jahrhundert ließen die preußischen Stadtväter die alte Stadtbefestigung abtragen. Erhalten sind nur Teile der Stadtmauer an der Weichsel sowie drei der ehemals acht Stadttore. Ein Besuchermagnet ist der **Schiefe Turm:** Er neigte sich auf dem lehmigen Untergrund schon im Mittelalter. Die Abweichung von der Senkrechten beträgt heute etwa 1,40 Meter.

🏛 **Centrum Sztuki Współczesnej/Zentrum der Gegenwartskunst** ➡ D5
ul. Wały gen. Sikorskiego 13
Toruń
✆ 56-610 97 18
www.csw.torun.pl
Sept.–Juni Di–Do 10–18, Fr 10–20, Sa/So 12–18, Juli/Aug. Di–So 12–20 Uhr, Eintritt 10/5 zł, Do frei
In Ausstellungen werden Fotos, Skulpturen und Bilder gezeigt. Im Kino kann man sich Klassiker der Filmgeschichte ansehen.

Das Geburtshaus des berühmten Astrologen Kopernikus

🏛 **Museum Okręgowe/**
Regionalmuseum ➡ D5
Rynek Staromiejski 1
Toruń
✆ 56-660 56 12
www.muzeum.torun.pl
Jan.–April Di–So 10–16, Mai–Sept.
Di–So 10–18, Okt.–Dez. Di–So
10–16 Uhr, Eintritt 15/10 zł
In verschiedenen Ausstellungen
sind gotische Sakralkunst, Thorner Handwerk und polnische Malerei nach 1945 zu sehen.

🏛 **Żywe Muzeum Piernika/**
Lebkuchen-Museum ➡ D5
ul. Rabiańska 9, Toruń
✆ 56-663 66 17
www.muzeumpiernika.pl
Tägl. 10–18 Uhr
Eintritt 17/12 zł
Vorführungen in Deutsch (bei vor-
heriger Reservierung) oder Englisch 14 Uhr
Die Besucher können die Herstellung der Thorner Lebkuchen ver-
folgen, bei der nur traditionelle
Werkzeuge und Techniken zum
Einsatz kommen. Sie können aber
auch eigenhändig den Teig vorbe-
reiten und eigene Lebkuchen backen – unter fachkundiger Anlei-
tung der Lebkuchenmeister. Sie
lernen die Lebkuchen mit Zucker-
guss zu dekorieren. Danach darf
jeder seinen Lebkuchen mit nach
Hause nehmen.
   Im zweiten Stock werden alte
Öfen und Formen ausgestellt, die
im 19. Jh. in der Rabianski-Fabrik
zum Backen der Lebkuchen verwendet wurden.
   Das 2006 eröffnete Museum
wurde mit zahlreichen Preisen
ausgezeichnet und ist zu einer
beliebten Attraktion geworden.

✕ **Karczma Gęsia Szyja** ➡ D5
ul. Podmurna 28, Toruń
✆ 56-621 12 49, 600-98 90 00
www.gesiaszyja.torun.pl
Mo–Mi 12–24, Do/Fr 12–1, Sa 12–
2, So 12–23 Uhr
Das Restaurant bietet zahlreiche
Wild- und Gänsefleisch-Gerichte
auf polnische Art, z. B. mit Stein-
pilzsoße. Dazu eine große Auswahl an polnischen Suppen. €€€

Zielona Góra/Grünberg ➡ F2
Die Hauptstadt des Leubuser
Landes zählt 130 000 Einwohner
und ist berühmt für den Wein,
der hier seit dem 13. Jahrhundert
hergestellt wird. Jedes Jahr Anfang September wird Winobra-
nie, das traditionelle Weinfest,
gefeiert. Die Altstadt verwandelt
sich dann in einen Markt, auf
dem man verschiedene Spezialitäten aus der Region probieren
kann. Höhepunkt des Festes ist
der Weinlese-Umzug am ersten
Festsonntag.
   Anfang des 19. Jahrhunderts
wurde der Wein rund um Grünberg auf einer Fläche von rund

Thorner Lebkuchen

Seit dem 14. Jahrhundert werden in
Thorn Lebkuchen gebacken. Die ersten Rezepturen sind wahrscheinlich
mit deutschen Siedlern in die Stadt
gelangt. Für die Produktion wird neben feinstem Mehl und fernöstlichen
Gewürzen Honig aus der Umgebung
der Stadt verwendet. Im 18. Jahrhun-

Tradition seit dem Mittel-
alter: Thorner Lebkuchen

dert wurden die Lebkuchenspezialitäten aus Thorn auch jenseits der
Grenzen Polens berühmt. Sie sind nicht nur ein Gaumenschmaus,
sondern auch eine Augenweide: Der Teig wird zu Figuren und Or-
namenten geformt und anschließend verziert.

700 Hektar angebaut. Die Weinbergbesitzer prägten die Stadt, in der es Dutzende Weinlokale gab, die Wein von den eigenen Weinbergen servierten. Der berühmteste Weinfabrikant war damals Friedrich August Grempler, der 1824 den ersten deutschen Sekt in Grünberg produzierte. Er gewann immer wieder Auszeichnungen auf internationalen Weinmessen. Nach dem Zweiten Weltkrieg gaben die privaten Winzer auf, die Weinproduktion wurde verstaatlicht und vernachlässigt.

Seit der Wende 1989 erlebt der **Weinanbau** aber eine neue Blüte. Zahlreiche private Winzer haben begonnen neue Reben zu pflanzen. Die Tradition lebt in der Winnica Miłosz (www.winnicamilosz.pl) weiter, in der Krzysztof Fedorowicz seit 2013 den Grempler-Sekt produziert. Zu den Winzern gehören Lukasz Chrostowski, dessen Equus-Weine (www.winnicaequus.pl) bereits international prämiert wurden, sowie Małgorzata und Roman Grad, deren Weinberg Julia (www.winnicajulia.pl) am Rande von Grünberg liegt. Mehrere Winzer bieten Weinbergführungen und Verkostungen an.

Zu den Sehenswürdigkeiten gehört das neoklassizistische Rathaus mit seinem 54 Meter hohen Turm, der mit einer Barockkuppel gekrönt ist. Die spätgotische Hedwigskirche (Kościół Św. Jadwigi) wurde nach mehreren Bränden zuletzt 1679 aufgebaut. Der spätgotische Wieża Głodowa (Hungerturm) ist ein Überrest der Stadtbefestigung aus dem 15. Jahrhundert und diente früher als Gefängnis.

ℹ Tourist Information ➡ F2
ul. Stary Rynek 1
Zielona Góra
℗ +48 68 323 22 22
www.cit.zielona-gora.pl

Weinstöcke aus der Gegend um Grünberg

🏛 Muzeum Ziemi Lubuskiej/ Museum des Lebuser Landes
➡ F2
al. Niepodległości 15
Zielona Góra
www.mzl.zgora.pl
℗ 68-327 23 45
Mi–Fr 11–17, Sa 10–15, So 10–16 Uhr
Eintritt 10/5 zł
In mehreren Ausstellungen wird die Geschichte der Region thematisiert. Im Keller befinden sich die Weinsäle, in denen historische Geräte zur Weinproduktion sowie alte Weingläser und -fässer zu sehen sind.

Ausflugsziel:

◉ Miedzyrzecki Rejon Umocniony/Oder-Warthe-Bogen
➡ E2
Pniewo 1, Międzyrzecz
www.bunkry.pl
℗ 95-741 99 99, 509-86 89 65
Mo–Fr 11 und 14, Sa/So 11, 12.30, 14, 15.30, deutsch 12.15 Uhr
Kurze Route (1,5 Std.) 22/20 zł, lange Route (2,5 Std.) 26/23 zł, nur mit Führung
Die von den Nationalsozialisten errichtete Festungsanlage Oder-Warthe-Bogen besteht aus Dutzenden unterirdischer Bunker, die durch 30 km lange Tunnel miteinander verbunden sind. Heute überwintern riesige Fledermauskolonien in der Anlage.

Stettin und die Ostseeküste/Szczecin i Wybrże Bałtyku

An der fast 530 Kilometer langen Ostseeküste Polens gibt es kilometerlange breite Sandstrände, wüstenartige Dünenlandschaften, ausgedehnte Kiefernwälder, unberührte Naturschutzgebiete, historische Schlösser, Kirchen und Paläste. Die Pommersche Seenplatte und die Kaschubische Schweiz im Hinterland runden das Ferienangebot ab. In den letzten Jahren wurden mehrere Hotels und Wassersportzentren, Restaurants und Bars eröffnet. Wer genug vom Strand hat, kann in Stettin in das reiche Kulturleben eintauchen: Zu jeder Jahreszeit gibt es hier erstklassige Ausstellungen, Musikkonzerte und Festivals.

Die Vista Points sind geografisch entlang der Küste von West nach Ost sortiert.

Szczecin/Stettin ➡ C1
Die Geschichte der 403 000-Einwohner-Stadt Stettin war schon immer durch den Hafen und den Handel geprägt. Bischof Otto von Bamberg missionierte 1124 die alte westslawische Siedlung, 1278 trat die Stadt der Hanse bei und kam unter der Herrschaft der pommerschen Herzöge zu Wohlstand. Nach dem Aussterben der Greifen-Dynastie ging die Stadt an Schweden, das aber seinen Besitz 1720 an Preußen verkaufte. Der Pariser Stadtplaner Haussmann gestaltete Stettin nach 1870 entsprechend dem Pariser Vorbild um.

Die etwa 500 Meter lange Promenade der **Hakenterrasse** (Wały Chrobrego) ➡ bB4 gab Oberbürgermeister H. Haken 1904 in Auftrag. An der Stelle einer alten Festung wurde ein 19 Meter hoher Sandwall aufgeschüttet, auf dem das **Nationalmuseum**, der **Regierungssitz** und das **Finanzamt** errichtet wurden.

Den Mittelpunkt bildet eine neobarocke Treppenanlage, die zum Museum mit einer 54 Meter hohen Kuppelhalle führt. Der Backsteinbau des Regierungsgebäudes hat einen 72 Meter hohen Turm. Von der Hakenterrasse hat man einen wunderschönen Blick über die Oder und das Hafengelände. Am Ufer liegen Kreuzfahrtschiffe, Ausflugsdampfer und Yachten vor Anker.

Stettins wichtigste kulturelle Veranstaltung sind die im Juni stattfindenden Tage des Meeres.

Die **Peter-und-Paul-Kirche** (Kościół św. Piotra i Pawła) ➡ bB3 ist die älteste Kirche der Stadt. Sie wurde im 15. Jahrhundert an der Stelle einer Holzkapelle errichtet, die Bischof Otto von Bamberg bauen ließ. Der Bischof kam 1134 auf einer Christianisierungsmission nach Stettin, entsandt durch den polnischen König Bolesław Krzy-

Die Promenade der Hakenterrasse in Stettin

Stoewer

Der Name war den meisten Deutschen vor 1945 ein Begriff. Die Unternehmerfamilie aus Stettin baute Autos und Fahrräder, Näh- und Schreibmaschinen. Den Anfang machte 1858 Bernhard Stoewer mit der Produktion von Nähmaschinen. Seine Söhne Emil und Bernhard setzten das Werk des Vaters fort, sie

Stoewer Cabriolet »Arkona« aus dem Jahr 1939

nahmen 1893 die Fahrradproduktion auf. In den 1920er Jahre baute Stoewer die ersten Autos, die Modelle Greif und Sedina hatten vor dem Krieg einen hervorragenden Ruf.

wousty (Der Schiefmund). Die Hallenkirche wurde im 16. Jahrhundert um einen Kirchturm ergänzt. Die Beschädigungen im Zweiten Weltkrieg waren nur gering, allerdings wurden Teile der wertvollen Inneneinrichtung gestohlen.

Das spätgotische **Loitzenhaus** (Dom Loitzów) ➡ bC3 von 1547 links vor dem Rathaus gehörte der wohl berühmtesten Stettiner Familiendynastie. Deren Aufstieg begann unter Hans I. Loitz, der 1433 aus Greifswald nach Stettin übersiedelte, um Fischhändler zu werden. Sein Sohn Michael I. heiratete eine reiche Stettiner Witwe, wurde Ratsherr und Bürgermeister der Stadt und mehrte das Vermögen des Vaters. Hohe Gewinne warf vor allem eine Witte (Niederlassung einer Hansestadt im Ausland zur Fischverarbeitung) auf der dänischen Insel Falsterbo ab, wo einheimische Frauen für die Loitzen Heringe ausweideten und einsalzten. Hans II., Michaels Sohn, stieg in das Salzgeschäft ein und gründete ein Bankhaus. Pommersche Herzöge und polnische Könige gehörten zu seinen Schuldnern.

In der nächsten Generation versuchten die Loitz, den Salzhandel in Mittelnordeuropa zu monopolisieren. Simon leitete das Kerngeschäft in Stettin, Michael II. ging nach Danzig und Stephan versuchte das Lüneburger Salzgeschäft an sich zu reißen. In der zweiten Hälf-

te des 16. Jahrhunderts begann der Niedergang des Wirtschaftsimperiums. Als der polnische König sich weigerte, die Schulden seines Vorgängers an das Bankhaus zu zahlen, war das Familienunternehmen bankrott. Bei Nacht und Nebel flohen die Loitz aus Stettin.

Um den **Rossmarkt** (Plac Orła Białego) ➡ bC3, auf dem sich früher die Tuchhallen befanden, stehen sehenswerte Bürgerhäuser, darunter das barocke Palais des Kanzlers Philipp Otto von Grumbkow von 1724, und in der Mitte ein im 18. Jahrhundert vom Berliner Bildhauer Grael entworfener Brunnen.

🛈 **Tourist Information**
➡ östl. bA4
ul. Jana z Kolna 7, Szczecin
✆ 91-434 04 40
www.szczecin.pl, www.szczecin.eu
www.wszczecinie.pl

🛈 **Centrum Informacji Kulturalnej i Turystycznej** ➡ bC3
ul. Korsarzy 34, Szczecin
✆ 91-489 16 30
www.zamek.szczecin.pl
Tägl. 10–18 Uhr
Hier erhält man die Szczecin Touristenkarte (24 Std./15 zł, 3 Tage/25 zł). Kostenlose Besichtigungs-App: app.szczecin.eu.

🏛 **Muzeum Morskie/ Meeresmuseum** ➡ bB4
Wały Chrobrego 3, Szczecin

✆ 91-431 52 69
www.muzeum.szczecin.pl
Di–Do, Sa 10–18, Fr, So 10–16 Uhr
Eintritt 12/6 zł
Die maritime Geschichte der Stadt
wird mit Exponaten, Dokumen-
ten und Bildern nacherzählt.

🏛 **Muzeum Narodowe/Nationalmuseum** ➡ bC3
ul. Staromłyńska 27, Szczecin
✆ 91-431 52 00
www.muzeum.szczecin.pl
Di–Do, Sa 10–18, Fr, So 10–16 Uhr
Eintritt 12/6 zł
Das Nationalmuseum ist in mehreren Gebäuden aus dem 18. Jh.
untergebracht. Es zeigt alte und
moderne Kunst Pommerns.

🏛 ⊙ ✎ **Ratusz/Rathaus Muzeum Historii Szczecina/Historisches Museum** ➡ bD2
ul. Mściwoja 8, Szczecin
✆ 91-431 52 55
www.muzeum.szczecin.pl
Di–Do, Sa 10–18, Fr, So 10–16 Uhr
Eintritt 12/6 zł
Das alte Rathaus aus dem 15. Jh.
wurde 1677 im barocken Stil umgebaut. Im Krieg brannte es aus
und wurde nach 1972 wieder errichtet: der Südgiebel in barocker,
der Nordgiebel in stilisierter Gotik. Heute beherbergt der Bau das
Stadtmuseum, dessen Schwer-
punkt auf der Geschichte Stettins
nach 1945 liegt. In den Kellerge-
wölben befindet sich die Wein-
stube »U Wyszaka«. Der Name
geht auf einen im 11./12. Jh. le-
benden Kaufmann zurück.

*Heute beherbergt das Königstor in
Stettin ein beliebtes Jazz-Café*

🏛 ⊙ ✎ ♫ **Zamek Książąt Pomorskich/Herzogenschloss** ➡ bC3
ul. Korsarzy 34, Szczecin
✆ 91-433 88 41
www.zamek.szczecin.pl
Tägl. außer Mo 10–18 Uhr
Eintritt 6/4 zł
Das Schloss der Herzöge von Pommern wurde als kleine gotische
Burg von Barnim III. 1346 begonnen und im 16. Jh. im Renaissancestil komplett umgestaltet. Es hat
fünf Flügel, zwei Innenhöfe und
drei Obergeschosse, die ein Museum und eine Kunstgalerie beherbergen. Eine der großen Attraktionen ist die Uhr, die der Stadt 1693
von Schweden geschenkt wurde.
Vom Schlossturm hat man einen
schönen Blick auf die Stadt und das
Oderhaff. Beliebt sind die sommer-
lichen Opernaufführungen und
Konzerte im Innenhof.

⊙ ♪ ☕ **Brama Hołdu Pruskiego/Königstor** ➡ bB3
Das Königstor wurde 1726 als Erin-
nerung an den Verkauf der Stadt
durch die Schweden an Preußen
errichtet. Die Schweden hatten
Stettin 1637 übernommen, nachdem die herrschende pommerische
Greifen-Dynastie kinderlos ausge-
storben war. Heute befindet sich im
Tor ein beliebtes Jazz-Café.

⊙ **Brama Portowa/Hafentor** ➡ bC2
1873 beschloss die Stadt, die alten
Festungsmauern abzutragen, um
Raum für die Entwicklung zu
schaffen. Erhalten hat man damals nur zwei besonders schöne
Stadttore, darunter das 1725–40
im barocken Stil errichtete Hafentor (früher Berliner Tor).

⊙ **Katedra św. Jakuba/Jakobkathedrale** ➡ bB3
ks. Kar. Stefana Wyszyńskiego 19
Szczecin
Die gotische Kathedrale wurde im
Jahr 1187 außerhalb der Stadt-

Die Mühlenbake ist ein Wahrzeichen von Swinemünde

mauer errichtet. Im 13. und 14. Jh. fügte man dem Bau zwei hohe Türme und eine Reihe von Kapellen hinzu. Im Mittelalter diente er vor allem als Kirche der Deutschen, die wendischen Einwohner Stettins beteten in anderen Gotteshäusern. 1971 wurde der Dom wieder aufgebaut. Reliquien des Bischofs Otto von Bamberg befinden sich neben dem Altar.

Springbrunnenallee/ Aleja Fontann ➡ bB2

Die Allee der Springbrunnen (al. Papieża Jana Pawła II) ist die Spaziermeile der Stadt. Sie kreuzt den geschäftigen Plac Grunwaldzki (früher Kaiser-Wilhelm-Platz). Im Sommer gibt es in der Umgebung zahlreiche Freiluftcafés.

Browar Wyszak ➡ bC3

ul. Mściwoja II 8, Szczecin
✆ 662-23 36 78
www.browarwyszak.pl
Tägl. 13–23, Fr/Sa bis 1 Uhr
In den Kellern des Altstädtischen Rathauses befindet sich eine Mikrobrauerei, die eins der besten Biere in Polen serviert. Dazu gibt es polnische und internationale Gerichte. €€

Restaurant Colorado ➡ bB4

ul. Wały Chrobrego 1, Szczecin
✆ 91-488 19 21
www.walychrobrego.com
Tägl. 10–1, Fr/Sa bis 2 Uhr

Gute internationale Küche mit einem hervorragenden Blick auf die Oder. €€

Browar Polski ➡ bC3

ul. Dworcowa 20, Szczecin
✆ 06 66 21 91 53
www.browarpolski.com.pl
Tägl. außer Mo 12–2 Uhr
Ein beliebter Musik- und Tanzclub im Gebäude der alten Post.

Swinoujście/Swinemünde ➡ B1

Die hübsche Hafen- und Kurstadt liegt unmittelbar an der Grenze zu Deutschland auf den Inseln Usedom und Wolin. Swinoujście (41 000 Einwohner) hat einen breiten Sandstrand und ist schon seit 150 Jahren ein bedeutendes Kurbad. Viele Jugendstilvillen und Hotels an der **Promenade** wurden in den letzten Jahren sorgsam restauriert. Der **Kurpark** wurde Mitte des 19. Jahrhunderts von Peter Joseph Lenné angelegt. An der Swinemündung stehen die **Mühlenbake** und der 65 Meter hohe **Leuchtturm,** beide aus der Mitte des 19. Jahrhunderts. Über 300 Stufen führen zur Aussichtsplattform, die einen schönen Blick auf die Küste und das Hinterland bietet. Seit einigen Jahren kann man über die Promenade direkt zu den deutschen Kaiserbädern Ahlbeck und Heringsdorf gelangen. Am besten fährt man mit dem Fahrrad oder mit der Bäderbahn (www.ubb-online.com).

ℹ Tourist Information ➡ B1
pl. Slowianski 6/1, Swinoujście
☏ 91-322 49 99, www.swinoujscie.pl

⊠ Fähr- und Schiffsverbindungen
Zwischen den deutschen Seebädern auf Usedom und Swinoujście besteht ein regelmäßiger Verkehr mit Ausflugsschiffen. Es gibt außerdem täglich eine Verbindung nach Ystaad in Südschweden.

❺ Międzyzdroje/Misdroy
➡ B1
Die Insel Wolin mit dem Ostseebad Misdroy hat 35 Kilometer lange Sandstrände. Der kleine Ferienort, der schon 1835 Kurgäste empfing, veranstaltet im Juli ein Filmfestival, zu dem polnische Filmstars und Regisseure nach Misdroy kommen. Daran erinnert die *Promenada Gwiazd*, die Promenade der Stars, mit Handabdrücken berühmter Schauspieler und Regisseure. Im Sommer 2004 wurde die Seebrücke erweitert. Zwischen Misdroy und Heringsdorf auf Usedom besteht eine Schiffsverbindung.

ℹ www.miedzyzdroje.pl

Auflugsziele:

◉ Wolin ➡ B1
www.wolin.pl
Die kleine Stadt an der Südspitze der Insel ist eine der ältesten slawischen Siedlungen. Im Mittelalter war Wolin für seinen Reichtum berühmt. Im Sommer findet hier ein Wikingerfest statt.

**⊠ 🐦 🦌 Woliński Park Narodowy/
Wolin Nationalpark** ➡ B1
ul. Niepodległości 3a, Międzyzdroje
☏ 91-328 07 27, www.wolinpn.pl
Der Nationalpark nimmt rund ein Fünftel der Insel Wolin ein und reicht von der Steilküste bei Misdroy bis zum Oderhaff. Im Park wurden rund 230 Vogelarten gezählt, darunter der Seeadler. 1976 wurden Wisente angesiedelt, die an ihrem Futterplatz beobachtet werden können. Ein besonderes Kleinod ist der nach der Farbe des Wassers benannte Türkissee bei Wapnica/Kalkofen.

🏌 Amber Baltic Golf Club ➡ B1
ul. Bałtycka 13, Kołczewo/Wolin
☏ 91-326 51 10, www.abgc.pl
Der älteste Golfplatz in Polen wurde 1989 angelegt.

Kamień Pomorski/Cammin
➡ B2
Die Stadt am Camminer Haff, wenige Kilometer von der Küste entfernt, hat einen mittelalterlichen Stadtkern. Sie war einst Bischofs- und Herzogssitz.

Das bedeutendste Bauwerk von Cammin ist die Johannes-Kathedrale (Katedra św. Jana), die im 12. Jahrhundert begonnen und nach einem Brand im 15. Jahrhundert im gotischen Stil wieder aufgebaut wurde. Das Grabmal der Herzogin Swiętosława, der Mutter von Knut dem Großen, König von England, Schottland, Dänemark und Norwegen, befindet sich in der Krypta.

Sommervergnügen an der Küste von Misdroy

Die Kathedrale ist für ihre Barockorgel berühmt. Jedes Jahr findet hier im Sommer ein Internationales Festival der Orgel- und Kammermusik statt. Sehenswert sind der gotische Bischofspalast und das spätgotische Rathaus sowie das aus dem 14. Jahrhundert stammende Woliner Tor.

ⓘ **Tourist Information** ➡ B2
Stary Rynek 1, Kamień Pomorski
☏ 91-382 11 42
www.kamienpomorski.pl

ⓘ **Kurverwaltung/Uzdrowisko**
➡ B2
ul. Szpitalna 13, Kamień Pomorski
☏ 91-382 50 42
www.uzdrowisko-kamienpomorski.pl

Kołobrzeg/Kolberg ➡ B2

Im Jahr 1000 wurde Kolberg Bischofssitz und durch Salzgewinnung und Heringfang reich, Anfang des 14. Jahrhunderts trat die Stadt der Hanse bei. Auf dem nördlichen Teil der Wyspa Solna (Salzinsel) befand sich eine der größten Salzsiedereien der damaligen Zeit, Mitte des 19. Jahrhunderts wurde der Hafen ausgebaut.

Das riesige neogotische **Rathaus** (Ratusz) wurde in der ersten Hälfte des 19. Jahrhunderts nach einem Entwurf des Berliner Architekten Karl Friedrich Schinkel erbaut. Spitzbogige Fenster, kleine Ecktürmchen mit Schießscharten und Zinnen geben dem Bau den Charakter einer mittelalterlichen Burg. Im rechten Flügel des Gebäudes befindet sich eine Galerie für Gegenwartskunst. Rund um das Rathaus gibt es hübsche kleine Läden und Cafés. In der Nähe liegen die **Pulverbastei** aus dem 15. Jahrhundert sowie Reste der alten Stadtmauer. Der Hafen wurde bereits im Mittelalter angelegt, im Sommer verkehren Fähren nach Bornholm (Infos: www.kzp.kolobrzeg.pl).

Sechs Kilometer Sandstrand in Kolberg locken die Badegäste

Wahrzeichen der Stadt ist der alte **Leuchtturm** von 1770. Wie fast die ganze Stadt wurde er bei den schweren Kämpfen 1945 zerstört und später wieder aufgebaut. Das Licht des 26 Meter hohen Turms reicht etwa 16 Seemeilen weit. Von der Aussichtsplattform hat man einen tollen Ausblick auf den Hafen, den Strand und die 220 Meter lange **Mole**.

Seit Beginn des 19. Jahrhunderts ist Kolberg Kurort, denn das Mikroklima – eine Mischung aus frischer, jodreicher Meeresluft und starker Sonneneinstrahlung – schafft ideale Bedingungen für die Genesung, zudem verfügt der Ort über zahlreiche Mineralquellen und reiche Moorlager. Behandelt werden Atemwegserkrankungen, Rheuma, Herz- und Kreislauferkrankungen, Zuckerkrankheit, Fettsucht und Hautkrankheiten. Der sechs Kilometer lange, breite **Sandstrand** gehört zu den schönsten an der Ostsee.

ⓘ **Tourist Information** ➡ B2
ul. Armii Krajowej 12, Kołobrzeg
☏ 94-354 72 20 und 355 13 20
www.kolobrzeg.turystyka.pl

ⓘ **Kurverwaltung/Uzdrowisko**
➡ B2
ul. Sciegiennego 1, Kołobrzeg
☏ 94-352 60 46
www.uzdrowisko.kolobrzeg.pl

Wanderdüne Łacka Góra im Slowinski-Nationalpark

Kolberger Deep/ Dzwirzyno ➡ B2
℗ 94-354 95 00
www.hotelsenator.pl
Im Kolberger Deep bei Kolobrzeg steht das luxuriöse Wellness- und Konferenzhotel Senator.

Ustka/Stolpmünde ➡ A3
Ustka zählt zu den größten Seebädern an der Ostsee und wird auch als die Sommerhauptstadt Polens bezeichnet. In Kurkliniken und Sanatorien werden vor allem Atemwegserkrankungen behandelt.

Im Zentrum der Stadt sind einige alte Fischerhütten aus dem 19. Jahrhundert erhalten. Ein 20 Meter hoher Leuchtturm in der Nähe des Hafens aus dem Jahr 1871 kann besichtigt werden (tägl. 9–13 und 15–19 Uhr). Vom Hafen aus werden Ausflugsfahrten auf einem Wikingerschiff angeboten.

Tourist Information ➡ A3
ul. Marynarki Polskiej 71
76-270 Ustka, ℗ 59-8 14 71 70
www.ustka.pl, www.lot.ustka.pl

Hotel The Sun ➡ A3
ul. Chopina 2 A, Ustka
℗ 506-23 77 75, 59-841 82 50
www.thesun.pl
Wo einst das eher biedere Kurhaus stand, lädt nun das moderne Sun Hotel mit seinen SPA-Angeboten und einem hervorragenden Restaurant ein.

Ausflugsziele:

❻ Słowiński Park Narodowy/ Slowinski-Nationalpark ➡ A4
Parkverwaltung: Bohaterów Warszawy 1, Smołdzino
℗ 59-811 72 04
www.slowinskipn.pl
Der Nationalpark ist wegen seiner einzigartigen Wanderdünen, die zu den größten in Europa zählen, berühmt. Die **Düne Łacka Góra** (Lontzkenberg) ist um die 40 m hoch. Jahr für Jahr bewegen sich die Dünen um etwa 10 m vorwärts. Die Landschaft steht unter dem Schutz der UNESCO.

Łeba ➡ A4
Das hübsche Fischerdorf, eingekeilt zwischen den Łebsko- und Sarbsko-Seen, wird als »Stadt in den Dünen« bezeichnet. Am Rande des Dorfes beginnt das Gebiet der Wanderdünen, die polnische Sahara. Łeba bietet zahlreiche Übernachtungsmöglichkeiten sowie gute Freizeit- und Unterhaltungsangebote, die im Sommer besonders junge Gäste anziehen. Infos unter: www.leba-kurort.pl, www.lotleba.pl.

Hotel Neptun
ul. Sosnowa 1, Łeba
℗ 59-866 14 32, 866 23 31
www.neptunhotel.pl
Das schönste Hotel an der Ostsee ist in einem restaurierten 100 Jahre alten Schloss untergebracht, das malerisch am Strand steht. Auch wenn Sie in Łeba woanders unterkommen, lohnt sich ein Besuch.

Słupsk/Stolp ➡ B4
www.slupsk.pl
Die Stadt an der Stolpe, die 18 km nördlich der Stadt in die Ostsee fließt, wurde früher als »Klein-Paris von Pommern« bezeichnet. Die wichtigste Sehenswürdigkeit von Stolp ist die Burg der pommerschen Herzöge aus dem 16. Jh., die heute das Kunsthistorische Mu-

seum beherbergt. In der barocken Dominikanerkirche, in der im Sommer Klavierkonzerte stattfinden, sind die Herzogsgräber sehenswert. Die Schlossmühle gilt als ältestes Industriedenkmal in Polen.

Jastrzębia Góra/ Habichtsberg ➡ A5

Habichtsberg ist der größte Ferienort an der kaschubischen Küste mit einer beeindruckenden Steilküste. Zu dem breiten Sandstrand muss man an manchen Stellen 300 Stufen hinabsteigen. Besonders junge Gäste schätzen den Ort wegen seines großen Freizeit- und Unterhaltungsangebots im Sommer. Am nahe gelegenen Kap von Rozewie befindet sich der nördlichste Punkt Polens. Der dortige Leuchtturm stammt aus dem Jahr 1821. Sehenswert sind die schönen Villen aus den 1920er Jahren in der ulica Baltycka. Den Besuchern stehen 32 Kilometer markierte Wanderwege zur Verfügung (www.jastrzebiagora.pl).

🅳 Dom Whisky/ Haus des Whiskys

ul. Droga Rybacka 60
Jastrzębia Góra
✆ 691 38 00 00, www.domwhisky.pl
Das Whisky-Haus ist seit 2009 Treffpunkt der Whisky-Liebhaber Polens. Hier kann man über 1700 verschiedene Whisky-Sorten aus der ganzen Welt degustieren. 2013 eröffnete eine Filliale in Warschau.

Ausflugsziele:

👁 🏛 ✕ 🛏 Schloss von Krokowa ➡ A5

ul. Zamkowa 1, ✆ 58-7742111
www.zamekkrokowa.pl
Das im 14. Jh. erbaute Schloss, der Sitz der Familie von Krokow, wurde mit Unterstützung der Bundesrepublik saniert und als »Europäische Begegnungsstätte der Kaschubei« wieder eröffnet. In den Innenräumen wird eine kleine Ausstellung zur Geschichte der Familie gezeigt, die sich immer wieder zu Polen oder Deutschland bekennen musste. 1945 wurden die Krokows vertrieben, 1990 kehrten sie nach Polen zurück. Das Schloss beherbergt ein Hotel und ein Restaurant.

👁 ⛷ Mierzeja Helska/Halbinsel Hela ➡ A5

www.gohel.pl, www.hel.pl
35 km lang und an manchen Stellen kaum 200 m breit ragt die Halbinsel Hela wie ein krummer Finger in die Bucht von Danzig. An der Ostseeseite liegen breite, kilometerlange Sandstrände und Dünen. Das **Fischerdorf Hela** an der Spitze der Halbinsel (5000 Einwohner) ist ein beliebtes Touristenziel. Er wurde bereits 1219 erwähnt und galt im 14. Jh. als recht wohlhabend. Im Zentrum an der ul. Wiejska gibt es noch viele alte Fischerhütten, in die Boutiquen, Schmuckgeschäfte und Restaurants eingezogen sind.

Restaurant in einer alten Fischerhütte im Dorf Hela

Der **Leuchtturm** (Latarnia Morska) von Hel wurde 1942 errichtet, ist 41,5 m hoch und im Sommer zu besichtigen. Die gotische Backsteinkirche beherbergt ein Fischereimuseum (© 58-675 05 52), ihr 21 m hoher Glockenturm bietet eine großartige Aussicht.

Der Prominenten-Badeort Jurata, in dem auch der Ex-Präsident Aleksander Kwaśniewski urlaubt, wurde nach der Königin des Meeres benannt. Wegen idealer Windverhältnisse ist Jurata Polens **Hauptstadt des Kitesurfens**. Mehrere Schulen bieten Kurse an und jedes Jahr findet ein internationaler Kitesurf-Wettbewerb statt. Kitesurf-Kurse: www.kite.pl.

Das alte Fischerdorf **Heisernest/Jastarnia** entwickelte sich erst nach dem Krieg zu einem beliebten Touristenziel. Jedes Jahr am 29. Juni findet zu Ehren der Schutzpatrone der Fischer, der Heiligen Peter und Paul, eine **Wallfahrt** mit bunt geschmückten Fischerbooten nach Puck statt. Eine alte Fischerkate in der ul. Rynkowa 8 wurde in ein Museum umgewandelt und zeigt die Lebensweise der alten Fischer. Die Kirche, die sowohl von der Ostsee als auch von der Danziger Bucht zu sehen ist, wurde erst 1931 erbaut.

Für Wind- und Kite-Surfer gibt es mehrere Schulen (www.surfpoint.pl, www.kiteacademy.pl). Es besteht regelmäßiger Ausflugsschiffverkehr nach Danzig, Gdingen und Zoppot. Vor Hela sanken während des Zweiten Weltkriegs mehrere Schiffe. Die Wracks sind heute beliebte **Taucherziele**.

Gdynia/Gdingen ➡ A5

Weil die Freistadt Danzig in der Zwischenkriegszeit unter der Aufsicht des Völkerbundes stand, baute Polen 1924–39 den Hafen in Gdingen aus. Heute ist Gdingen neben Stettin der zweitwichtigste Seehafen in Polen. Das Herz der Stadt schlägt an der breiten **Südmole**, von der die Ausflugsschiffe nach Hela, Danzig und Zoppot abfahren. Am Kai liegen der Zerstörer »Błyskawica«, der sich im Kampf gegen deutsche U-Boote einen Namen gemacht hat, und Polens größtes Segelschiff »Dar Pomorza«.

Am Ende der Mole befinden sich das **Meeresaquarium** sowie das **Ozeanografische Museum**.

Während des Zweiten Weltkriegs wurden hier z. B. das polnische Kriegsschiff »Gryf« und das deutsche Passagierschiff »Wilhelm Gustloff« versenkt. Manche Wracks liegen in einer Tiefe von vier bis zehn Meter, andere bei 40 bis 60 Meter. Die beste Zeit für Wracktaucher sind der Beginn des Frühlings und der Frühherbst, wenn die See ruhig und die Sicht am klarsten ist (www.ticada.pl).

Gdingen hat heute rund 250 000 Einwohner und eine lebhafte Kulturszene; mehrere Künstlerkneipen und eine Reihe sehr guter Restaurants erwarten die Gäste im Stadtzentrum.

Fischerboote in Habichtsberg

ℹ **Tourist Information** ➡ A5
ul. 10 Lutego 24, 81-001 Gdynia
© 58-622 37 66, www.gdynia.pl
www.gdyniaturystyczna.pl

🐟🦑 **Aquarium** ➡ A5
al. Jana Pawła II 1, Gdynia
© 58-732 66 01
www.akwarium.gdynia.pl
Tägl. Juli/Aug. 9–21, Juni 9–20, Mai,

Sept. 9–19, Okt.–März 10–17 Uhr
Eintritt 29/19 zł
Polens größtes Meeresaquarium.

❼ Zoppot/Sopot ➡ B5

Im Sommer verwandelt sich die kleine Schwester von Danzig in ein polnisches St.-Tropez. Stars und Sternchen, Politiker und Topmanager tummeln sich am Strand oder auf der berühmten Mole. Die erste Badeanstalt wurde 1823 von Jean Georg Haffner errichtet, einem Arzt der napoleonischen Armee. Nach dem Bau der Eisenbahnverbindung nach Danzig 1870 zogen viele reiche Patrizier nach Zoppot und verhalfen der Stadt zu einem Boom. Hier erinnern Hunderte märchenhafte Jugendstilvillen alter Danziger Kaufleute.

Heute knüpft Zoppot wieder an seine große Vergangenheit an. Der Kurort zieht Bildhauer und Künstler magisch an, die besten Musiker treten auf, die berühmtesten Schriftsteller und Dichter lesen aus ihren Werken. Der wichtigste Laufsteg des Kurortes ist die Fußgängerzone **Bohaterów Monte Cassino**, wo die schönsten Frauen die teuerste Garderobe präsentieren und wo auch die meisten Bars und Restaurants, Galerien und Boutiquen liegen. Am Ende der Straße schließt sich die 511,5 Meter lange, 1927 gebaute hölzerne **Seebrücke** an – das Wahrzeichen von Zoppot und ein beliebter Treffpunkt.

Entlang der Strandpromenade reihen sich die **Kurhäuser**. Das Warmbad und das Rheuma-Krankenhaus sind Werke des Architekten Paul Puchmüller. Behandelt werden vor allem Rheuma, Kreislaufstörungen und Atembeschwerden. Hier steht auch das prächtige **Grand Hotel** von 1927. Im besten Haus am Platz wohnten früher Diven wie Marlene Dietrich und Josephine Baker, später Poli-

Eigenwillige Architektur auf der Bohaterów Monte Cassino in Zoppot

tiker wie Charles de Gaulle und Fidel Castro. Berühmt war das Grand für sein Casino.

ℹ Tourist Information ➡ B5
pl. Zdrojowy 2, Sopot
✆ 58-550 37 83, www.sopot.pl

🍸 Bar Kinsky ➡ B5
ul. Kościuszki 10, Sopot
✆ 58-551 17 56, tägl. 11–3 Uhr
In dem Haus unweit des Bahnhofs wurde 1926 Klaus Günter Nakszynski geboren, später bekannt unter seinem Künstlernamen Klaus Kinski. Die Bar schmücken Filmplakate und Filmfotos. €€

🍸🎵 Atelier Klub ➡ B5
al. Mamuszki 2, Sopot
✆ 58-555 89 06
www.klubatelier.pl, tägl. 21–6 Uhr
Der Tanztempel von Zoppot mit der lautesten Musik – Hedonismus pur. Direkt am Strand.

🦐🎵🎷 Waldoper/Opera Leśna ➡ B5
ul. Moniuszki 12, Sopot
✆ 58-555 84 00
www.operalesna.sopot.pl
Auf der Waldbühne, die vor dem Krieg für ihre Wagner-Festspiele berühmt war, finden im Sommer nacheinander ein Opern-Festival, Jazz-Tage und ein Liederwettbewerb statt. Rund 4500 Besucher haben Platz.

Danzig, die Masuren und das Ermland/ Gdańsk, Mazury i Warmia

In Masuren sei jeder dritte Storch Europas zu Hause, heißt es in Polen. Das Land der berühmten Abertausend Seen und ausgedehnter Urwälder ist ein Rückzugsgebiet für viele seltene Tierarten, aber auch ein beliebtes Feriengebiet. Die Seen, 3312 an der Zahl, laden zum Baden, Angeln und zu Wassersport ein, die Wälder und Wiesen zum Wandern und Radfahren. Masuren ist die Heimat mächtiger Ritterburgen und Backsteinkirchen, die meist vom Deutschen Orden errichtet wurden. Jahrhunderte lebten Deutsche und Polen friedlich mit- und nebeneinander. Nach dem Krieg wurde die deutsche Bevölkerung vertrieben.

Die Vista Points sind geografisch von West nach Ost sortiert.

❽ Danzig/Gdańsk ➡ B5

Danzig war über Jahrhunderte einer der wichtigsten Ostseehäfen und eine der reichsten Städte Europas. Es wurde geprägt von Deutschen und Polen, Flamen und Niederländern, Schotten und Italienern. Zum ersten Mal wurde Danzig in der Lebensbeschreibung des heiligen Adalbert erwähnt, der sich 997 auf einer Missionsreise zu den heidnischen Pruzzen in der Stadt aufgehalten haben soll. Im 12. Jahrhundert siedelten slawische Fürsten deutsche Kaufleute und Handwerker in Danzig an. Nach 1294 bemächtigte sich der Deutsche Ritterorden der Stadt, 1358 trat Danzig der Deutschen Hanse bei, 1454 stellte es sich unter die Schutzherrschaft Polens, wahrte aber seine politische Selbstständigkeit. Danziger Kaufleute besaßen das Handelsmonopol für alle Waren, die von und nach Polen geliefert wurden.

Mit den Schüssen auf den polnischen Verteidigungsposten auf der Westerplatte bei Danzig am 1. September 1939 begann der Zweite Weltkrieg. Sechs Jahre später war das Stadtzentrum zu 90 Prozent zerstört. Die neuen Einwohner bauten Danzig wieder auf. Später rebellierten sie gegen die kommunistische Herrschaft; die Gründung der Gewerkschaft Solidarnoṣç auf der Leninwerft läutete 1980 das Ende des Kommunismus in Mittel- und Osteuropa ein.

Die Hafenpromenade an der Motława in Danzig

Die wieder erstandene **Recht-stadt** (Główne Miasto) ➡ aC2 betritt man von Westen durch das prächtige **Hohe Tor** (Wysoka Brama) ➡ aC2, das 1586 von Wilhelm van dem Blocke umgebaut und mit den Wappen von Danzig, Polen und Preußen verziert wurde. Hier beginnt der **Königsweg**, der als nächstes das **Goldene Tor** (Złota Brama) passiert, 1612 im Renaissancestil von Abraham van dem Blocke als Triumphbogen gestaltet, den acht vergoldete Frauenskulpturen krönen, die den Frieden, die Freiheit, den Reichtum, den Ruhm, die Weisheit, die Frömmigkeit, die Eintracht und die Gerechtigkeit darstellen.

Lange Gasse in Danzig

In der Langen Gasse (Ulica Długa) wohnten die reichsten der wohlhabenden Patrizier. Sehenswert sind das **Uphagenhaus** (Nr. 12, heute Museum), das **Schirenberghaus**, das mit Kaiserköpfen geschmückt ist (Nr. 29), das **Löwenschloss** (Lwi Zamek, Nr. 35) mit einem von zwei Raubtieren bewachten Portal und das **Ferberhaus** (Dom Ferberów, Nr. 28), das 1560 im Stil der italienischen Renaissance errichtet wurde.

Nach 400 Metern erreicht man den **Langen Markt** (Długi Rynek), seit rund 700 Jahren das Herzstück der Stadt. An der Westseite zeugt das **Goldene Haus** (1609 von Johann Speymann erbaut), der Wohnsitz eines Kaufmanns und damaligen Bürgermeisters, vom Reichtum der Hanseaten. Die Figuren, Köpfe und Ornamente sind mit Blattgold belegt. Ganz oben auf dem Dachfirst thront Göttin Fortuna.

Im **Artushof** ➡ aC2/3 nebenan versammelten sich die reichen Bürger zu Gelagen und feierlichen Ereignissen. Die dreischiffige Prachthalle entstand 1477–81, 150 Jahre später gestaltete Abraham van dem Blocke die Fassade im Renaissancestil um. Einlass hatte nur das Patriziat. Zwischen

1742 und 1945 diente die Halle als Getreidebörse. Davor versinnbildlicht der berühmte **Neptunbrunnen** (Fontanna Neptuna) aus dem 17. Jahrhundert Danzigs Bedeutung als Seemacht. Zum alten Mottlau(*Motława*)-Hafen gelangt man durch das **Grüne Tor** (Zielona Brama). 1568 als offizielles Quartier für den polnischen König erbaut, erinnert es mit seinen vier Durchgängen und der imposanten Giebelfront mehr an ein Schloss als an ein Stadttor. Seinen Namen verdankt das Tor (heute Museum) seiner ursprünglichen grünen Sandsteinbemalung.

An der Westseite grenzt das **Rechtstädtische Rathaus** (Ratusz Głównego Miasta) ➡ aC2 an den Markt, das wertvollste Baudenkmal Danzigs mit der Figur des polnischen Herrschers Zygmunt II. August auf dem Turm. Das Erdgeschoss und das erste Obergeschoss stammen von 1380, nach dem Brand 1556 wurde das Rathaus im Stil der flämischen Renaissance umgebaut. Im Obergeschoss liegen die Repräsentationsräume, darunter der Rote Saal, der ehemalige Sitzungssaal der Ratsherren. Seine Decke ist mit 25 Bildern geschmückt. Das Rathaus dient seit 1970 als Stadtmuseum. Der 82 Meter hohe Turm bietet einen fantastischen Ausblick auf die Stadt.

Die **Marienkirche** (Kościół Mariacki) ➡ aC2/3 nordwestlich des Langen Markts gehört zu den größten mittelalterlichen Backsteinkirchen Europas. Sie ist 105 Meter lang, 66 Meter breit und 29 Meter hoch und fasst über 25 000 Besucher. Die dreischiffige Kirche mit dreischiffigem Querhaus basiert auf einem Entwurf von Heinrich Ungeradin, an ihr wurde ab 1343 fast 160 Jahre gebaut. Der Innenraum wurde 1945 stark beschädigt.

Nach dem Wiederaufbau kehrte der Großteil der im Krieg ausgelagerten Kunstschätze in das Gotteshaus zurück, darunter der sehenswerte Hochaltar aus der Werkstatt des Augsburger Meisters Michael (16. Jh.) und die 14 Meter hohe astronomische Uhr von Hans Düringer aus der zweiten Hälfte des 15. Jahrhunderts im mittleren Seitenschiff. Hans Memlings berühmtes »Jüngstes Gericht« in der Reinholdkapelle ist eine Kopie, das Original hängt im Nationalmuseum. Den Turm kann man besteigen.

Weil die Marienkirche nach der Reformation in den Besitz der Protestanten kam, bauten die Katholiken gleich daneben ein eigenes Gotteshaus, das sie die **Königliche Kapelle** (Kaplica Królewska) nannten.

Von der Marienkirche führt die **Frauengasse** (Ulica Mariacka) ➡ aC3 zur Mottlau. Sie ist für ihre

Detail aus Hans Memlings Triptychon »Das Jüngste Gericht« (1469–72) in der Marienkirche von Danzig

»Beischläge« berühmt, eine Art terrassenartige Vorbauten mit breiten Freitreppen davor. Einst gab es im alten Danzig viele solche Konstruktionen. Doch sie wurden abgeschafft, weil sie den Verkehr störten. Heute befinden sich in den Räumen unterhalb der Beischläge kleine Galerien, die Bernstein und Kunst anbieten.

Die Promenade am Mottlau-Ufer **Lange Brücke** (Długi Pobrzeże) ➡ aC3 ist die beliebteste Flaniermeile der Danziger und Touristen. Wo einst Fischerboote und Handelsschiffe festmachten, stehen heute Ausflugsschiffe und Sportboote. Von hier aus fahren Passagierschiffe nach Zoppot, Gdingen und zur Westerplatte ab, wo 1939 der Zweite Weltkrieg begann.

ℹ️ **Tourist Information** ➡ aC3
ul. Długi Targ 28/29, Gdańsk
☎ 58-301 43 55, www.gdansk.pl
www.pttk-gdansk.pl
Die Gdańsk Touristenkarte ist hier erhältlich (3 Tage: 90/60 zł).

🏛👁 **Dom Uphagena/ Uphagenhaus** ➡ aC2
Długa 12, Gdańsk
☎ 789-44 96 64
www.muzeumgdansk.pl
Mai–Sept. Mo 10–13, Di–Sa 10–18, So 11–18, Okt.–April Di 10–13, Mi–Sa 10–16, So 11–16 Uhr
Eintritt 10/5 zł, Mo frei
Das von außen relativ schlichte Haus des Ratsherrn Johann Uphagen, errichtet 1787, glänzte im Inneren mit prunkvoller Rokokoarchitektur. Es beherbergt das **Museum bürgerlicher Wohnkultur**.

🏛 **Muzeum Bursztynu/ Bernsteinmuseum** ➡ aC2
Targ Węglowy 26, Gdańsk
☎ 789-44 96 49
www.muzeumgdansk.pl
Öffnungszeiten wie Dom
Eintritt 12/6 zł, Mo frei
Bernstein in allen Facetten im Danziger Stockturm.

Bernstein

Das fossile Harz kommt in verschiedenen Tönungen vor, von Weiß bis Dunkelbraun, es kann milchig oder durchsichtig sein. Das Gold der Ostsee war schon im alten Rom sehr beliebt. Unter Androhung der Todesstrafe untersagte der Deutsche Or-

Das fossile »Gold« der Ostsee: Bernstein

den den privaten Besitz von Bernstein. In Danzig wird es seit über 500 Jahren von heute etwa 7000 Kunsthandwerkern verarbeitet, allerdings stammt das verwendete Harz überwiegend aus Palmnicken (Gebiet Königsberg/Kaliningrad).

Muzeum Historyczne Miasta Gdańska/Museum der Stadt Danzig ➤ aC2

Im Rathaus, ul. Długa 47, Gdańsk
☎ 58-573 31 28
www.muzeumgdansk.pl
Öffnungszeiten wie Dom
Eintritt 12/6 zł
Das Museum befindet sich in einem schönen Renaissancebau.

Muzeum Narodowe/ Nationalmuseum ➤ aD2

ul.Toruńska 1, Gdańsk
☎ 58-301 68 04, www.mng.gda.pl
Tägl. außer Mo im Sommer 10–17, im Winter 9–16 Uhr
Eintritt 10/6 zł
Das berühmteste Werk ist »Das Jüngste Gericht« von Hans Memling. Der in Seligenstadt geborene Meister hat das Triptychon 1469–72 für die Medici in Italien gemalt. Doch das Schiff wurde von Danziger Seeräubern gekapert. Napoleon schaffte das Werk 1807 in den Louvre, nach dem Zweiten Weltkrieg verfrachteten es die Russen nach Leningrad.

Stocznia Lenina Europejskie Centrum Solidarności/ Leninwerft ➤ aA2

Plac Solidarności 1, Gdańsk
☎ 58-772 41 12
www.ecs.gda.pl
Mai–Sept. Mo–Fr 10–18, Sa/So 10–19, Okt.–April Mo–Fr 10–16, Sa/So 10–17 Uhr, Eintritt 20/15 zł
Nördlich der Altstadt erstreckt sich das riesige Areal der ehema-

ligen Leninwerft, auf der die Protestbewegung von 1980 ihren Ausgang nahm und die Gewerkschaft Solidarność gegründet wurde. Am Plac Solidarności stehen drei monumentale Kreuze, die an die Toten des Arbeiteraufstands von 1970 erinnern. Der Schiffsbau spielt auf der Werft heute kaum noch eine Rolle. Der moderne Bau beherbergt mehrere Ausstellungen, Büros und eine Bibliothek.

Zuraw/Krantor ➤ aC3

ul. Szeroka 67/68, Gdańsk
☎ 58-301 69 38
www.nmm.pl
Meeresmuseum Juli/Aug. tägl. 10–18, sonst Mo–Fr 10–16, Sa/So 10.30–16.30 Uhr, Eintritt 10/6 zł
Das hölzerne Tor an der Mottlau stammt aus dem Jahr 1444 und ist das Wahrzeichen Danzigs. Die beiden Türme schützten im Mittelalter die Stadt von der Hafenseite. Zwischen den Türmen gab es zwei Hebevorrichtungen, die Lasten bis zu 4 t bewegen konnten. Die hölzernen Räder mit einem Durchmesser von 5 m wurden durch Sträflinge angetrieben. Nach dem Krieg wurde das Krantor restauriert. Heute beherbergt es das **Meeresmuseum**.

Dwór Artusa/Artushof ➤ aC2/3

Długi Targ 43/44, Gdańsk
☎ 789-44 96 54
www.muzeumgdansk.pl

Mühleninsel in Danzig

Mai–Sept. Mo 10–13, Di–Sa 10–18,
So 11–18, Okt.–April Di 10–13,
Mi–Sa 10–16, So 11–16 Uhr
Eintritt 10/5 zł, Mo frei
Dreischiffige Prachthalle aus dem
15. Jh.

◉ Dwór Bractwa św. Jerzego/ Georgshalle ➡ aC2

Targ Węglowy 27, Gdańsk
Der spätgotische Bau von 1487–94
war Sitz einer Schützengilde des
reichen Bürgertums. Im Festsaal im
ersten Stock fanden Sitzungen der
Brüderschaft statt, aber auch Fei-
erlichkeiten und Theateraufführ-
rungen. Im Erdgeschoss wurden
Waffen und Munition gelagert.
Von dem 1566 errichteten Turm
blickt die Figur des Drachentöters
St. Georg auf die Rechtstadt.

◉ Kościół Mariacki/ Marienkirche ➡ aC2

Podkramarska 5, Gdańsk
℡ 58-301 39 82
www.bazylikamariacka.pl
Kirche Mo–Sa 8.30–17.30 (im Sommer bis 18.30), So 11–12 und 13–
17.30 Uhr, Turm Dez.–März Sa/So
9–16, sonst tägl. 9–18/19, Juli/Aug.
bis 21 Uhr, Eintritt 10/5 zł
Eine der größten mittelalterlichen Backsteinkirchen Europas.

◉ ♫ ♣ Oliwa/Oliva ➡ nördl. aA1

Den Grundstein für ein Kloster
legten die Zisterzienser in Oliva
schon 1188. Die Kirche wurde immer wieder zerstört und neu aufgebaut. Hauptschiff und Chor
stammen aus dem 14. Jh., Fassade
und Innenausstattung aus dem
17. und 18. Jh. Wertvollstes Ein-
richtungsstück ist die Orgel, 1763–
88 von Johann Wulf gebaut. Sie
besteht aus insgesamt 7876 Pfeifen und ist für ihren hervorragenden Klang weltberühmt. Hier
finden beinahe täglich Konzerte
statt. Nahe der Kathedrale erstreckt sich der **Adam-Mickiewicz-
Park**. Sein nördlicher Teil wurde
als französischer Garten mit einem Palmgarten angelegt. Der
südliche Teil entstand als engli-
scher Landschaftsgarten. Inmitten
des Parks befindet sich der Pałac
Opacki, der alte **Bischofspalast**.

◉ ♫ Ratusz Staromiejski/ Altstädtisches Rathaus ➡ aB2

ul. Korzenna 33/35, Gdańsk
℡ 58-301 10 51, www.nck.org.pl
Tägl. 10–18 Uhr
Im Stil der niederländischen Renaissance 1587–95 am Radaune-
Kanal errichtet. Berühmtes Rats-
mitglied war der Astronom Johannes Hevelius (1611–87), der
neun Kometen und sieben Stern-
konstellationen entdeckt hat.
Besonders schön ist die Vorhalle
mit der barocken Treppe. Im Erdgeschoss befanden sich die Stadtwaage, die Küche und Dienst-
wohnungen. Im Großen Saal finden Konzerte statt.

◉ ⛨ Wielki Młyn/Große Mühle ➡ aB2

Auf einer Insel im Radaune-Kanal
wurde die Mühle um 1350 errichtet, sie zählte mit ihren 18 Mühl-
rädern zu den größten Industrie-
anlagen im Norden Europas. Im
Inneren befindet sich ein modernes Einkaufszentrum.

⊙ ⥯ Wielka Zbrojownia/ Großes Zeughaus ➜ aC2

ul. Piwna, Gdańsk

Die reich verzierte Fassade aus den Jahren 1601–09 gilt als das schönste Beispiel des niederländischen Manierismus in Polen. Im 17. Jh. diente das Gebäude als Arsenal, hier wurden Waffen und Munition gelagert. Heute befindet sich im Erdgeschoss eine Einkaufspassage. Mehrere Räume werden von der Danziger Kunsthochschule genutzt.

⊙ Wieża Więzienna i Katownia/ Stockturm und Peinkammer ➜ aC2

Der Stockturm wurde im 15. Jh. als Teil des Befestigungssystems erbaut und später in ein Gefängnis umgewandelt. Im Hof sind noch die eisernen Ringe zu sehen, an die die Sträflinge ankettet wurden. Die mit einem Renaissance-Giebel versehene Peinkammer diente lange Jahre als Folterkammer und Gerichtssaal. Wenn der Angeklagte das Verhör und die Folter überstand, wurde er in den engen Zellen im Stockturm festgesetzt.

⊙ Wrzeszcz/Langfuhr ➜ B5

Das Villenviertel der Stadt hat sich seit den 1930er Jahren nur wenig verändert. In der ul. Lelewela 13 wurde der spätere Nobelpreisträger Günter Grass geboren. Sein berühmtester Roman »Die Blechtrommel« spielt in Danzig.

⊙ ⬒ Wyspa Spichrzów i Ołowianka/ Speicherinsel und Bleihof/ ➜ aB–aD3/4

Im 17. Jh. wurden in den damals 315 Speichern der Insel bis zu 250000 Tonnen Korn gelagert. Das historische Viertel wird schrittweise saniert. In dem wieder aufgebauten Königlichen Speicher eröffnete das noble **Hotel Królewski** (www.hotelkrolewski.pl).

✕ Restauracja Pod Łososiem/ Restaurant Lachs ➜ aB3

ul. Szeroka 52/54, Gdańsk

✆ 58-30176 52

www.podlososiem.com.pl

Tägl. ab 12 Uhr, Küche bis 23 Uhr

Hier haben schon viele berühmte Politiker und Filmstars gespeist. Hervorragende traditionelle polnische Küche. €€€€

✕ Restauracja Prologue ➜ aB3

ul. Grodzka 9, Gdańsk

✆ 58-526 59 09, www.prologue.pl

Mo–Fr 16–24, Sa/So 12–24 Uhr

In den Gemäuern des Kreuzritter-Schlosses serviert der renommierte Chef Wojciech Korfel Danziger Gerichte modern interpretiert. €€€

⧠ ♫ Parlament ➜ aB2

ul. św. Ducha 2, Gdańsk

✆ 58-320 13 65

www.parlament.com.pl

Mi–Sa ab 20 Uhr

Im größten Musikclub Danzigs treten oft bekannte polnische und internationale Gruppen auf.

Danziger Goldwasser

Der Trunk, der von dem niederländischen Emigranten Ambrosius Vermöllen 1606 in Danzig erfunden wurde, soll besondere Kräfte verleihen. Dafür sorgen die hauchdünnen Flitter von 22-karätigem Gold, die dem Anisschnaps zugefügt werden. Kardamon, Koriander und Kümmel ergänzen die Rezeptur. Besonders gut schmeckt Danziger Goldwasser im »Lachs« (Pod Łososiem), dem ältesten und berühmtesten Restaurant der Stadt.

Original Danziger Goldwasser

⚁🦞🎵 **Zak** ➡ aB2
ul. Grunwaldzka 195/197, Gdańsk
☎ 58-344 05 73
www.klubzak.com.pl
Der älteste und bekannteste Studentenclub der Stadt bietet ein vielfältiges Programm an Kulturveranstaltungen.

🦞🎎 **Dominikanermarkt/ Jarmark św. Dominika** ➡ aC2/3
www.jarmarkdominika.pl
Der beliebte Dominikanermarkt wird seit dem 13. Jh. veranstaltet. Anfang August verwandelt sich die Rechtstadt um den Dominikanermarkt in einen riesigen Flohmarkt, täglich finden zudem Konzerte und Theateraufführungen statt. Auf dem Markt selbst breiten vor allem Antiquitäten- und Ramschhändler ihre Waren aus.

Ausflugsziele:

👁✈ **Kaszubskie Bory/Kaschubische Schweiz** ➡ B/C4/5
Die Kaschubische Schweiz ist ein reizvolles Seengebiet im Hinterland von Danzig. Zwischen eiszeitlichen Hügeln liegen malerisch rund 250 Seen, die sich hervorragend zum Baden und Wassersport eignen. Das vom Wald bedeckte Gebiet ist dünn besiedelt. Nur 200 000 Nachfahren der Kaschuben leben in der Region.

👁🏛 **Kościerzyna/Berent** ➡ B4
www.miastokoscierzyna.pl
www.ckis-koscierzyna.pl

Eisenbahnmuseum in Kościerzyna

Die größte Stadt der Kaschubischen Schweiz zählt rund 23 000 Einwohner. Das ältestes Bauwerk von Berent ist das Rathaus aus dem Jahre 1845. In einer ehemaligen Lokomotivhalle an der ul. Przemysłowa 4 wurde ein **Eisenbahnmuseum** eingerichtet.

👁🏛 **Kartuzy/Karthaus** ➡ B5
www.kartuzy.pl
In der Hauptstadt der Region gründete der Kartäuserorden 1380 ein Kloster. Davon zeugt heute die schön ausgestattete **Kirche** (1381–1403) mit ihrem ungewöhnlichen barocken Dach. Im **Volksmuseum** (www.muzeumkaszubskie.gda.pl) wird Kunsthandwerk ausgestellt.

➒ **Malbork/Marienburg** ➡ B5
Die **Ordensburg** am Fluss Nogat, die in der zweiten Hälfte des 13. Jahrhunderts begonnen wurde, gehört zu den interessantesten Kulturdenkmälern in Polen. Zuerst bauten die Deutschritter die **Hochburg**, später folgte das repräsentative **Mittelschloss** mit dem **Palast des Hochmeisters**. Die gesamte Anlage nimmt eine Fläche von 20 Hektar ein und wurde mit Mauern und Wassergräben umgeben. Diese verhinderten nicht, dass die Burg 1457 vom polnisch-litauischen Heer erobert wurde.

ℹ **Tourist Information** ➡ B5
ul. Kościuszki 54, Malbork
☎ 055-647 47 47, 725-62 26 60
www.malbork.pl
www.visitmalbork.pl

👁🏛 **Zamek Malbork/Schloss Marienburg**
Starościńska 1
Malbork
☎ 055-647 09 78
www.zamek.malbork.pl
Tägl. im Sommer 9–19, im Winter 10–15 Uhr, Museen Mo geschl.
Eintritt 45/35 zł

Die mittelalterliche Marienburg in Malbork wurde durch den Deutschen Orden errichtet

Die Marienburg, die sich auf einer Böschung am rechten Ufer des Nogat erhebt, ist eines der größten Backsteinschlösser der Welt. Die imposante, vom deutschen Ritterorden gebaute Burganlage war für Polen jahrhundertelang der Inbegriff des deutschen Drangs nach Osten. Besonders sehenswert ist der zwischen 1382 und 1399 erbaute Palast des Hochmeisters.

Elbląg/Elbing ➡ B6

Elbing wurde 1237 vom Deutschen Orden gegründet, trat der Hanse bei und profitierte vom Handel mit Polen. 1454 kam die Stadt zu Polen, 1772 zu Preußen. Im Zweiten Weltkrieg wurde die mittelalterliche Altstadt fast vollständig zerstört. Nur die **Nikolaikirche** aus dem 13./14. Jahrhundert und das gleichaltrige Stadttor überstanden – wie durch ein Wunder – das Inferno. Heute hat Elbing wieder 125 000 Einwohner.

Vom Bulward Zygmunta in Elbing starten im Sommer täglich um 8, 8.30 und 9 Uhr Schiffe zur Fahrt auf dem 80,4 Kilometer langen **Oberländischen Kanal** bis zum Schiebewerk Buczyniec. Dabei müssen die Ausflugsschiffe mehrfach auf Schienen über Land hinauf- und hinuntergezogen werden, um die Höhenunterschiede von 104 Metern auszugleichen.

ℹ Tourist Information
ul. Stary Rynek 25, Elbląg
✆ 55-239 33 77
www.umelblag.pl

Kanal Ostródzko-Elbląski/Oberländischer Kanal ➡ B6
Bulward Zygmunta, Elbląg
Reservierung ✆ 55-232 43 07
www.zegluga.com.pl
Tägl. ab Elblag um 9.15, 9.35, 13.55, 14.20 Uhr
Ticket 129/99 zł inkl. Verpflegung und Rückfahrt mit dem Bus
Der Kanal, 1825 von Georg Jakob Steenke entworfen, galt im 19. Jh. als technisches Meisterwerk. Besonders schön ist das **»Schiebewerk«** in Buczyniec. Die Fahrt dauert etwa 4,5 Std.

Frombork/Frauenburg ➡ B6

Die Wirkungsstätte von Nikolaus Kopernikus (1473–1543) liegt am **Frischen Haff** (Zalew Wiślany). Die kleine Stadt wird von der **Domburg** überragt, die bis 1945 Sitz des Domkapitels von Ermland war. Kopernikus war 28 Jahre Domherr auf der Burg, er liegt im

Im Dom von Frauenburg, wo sich das Grab von Nikolaus Kopernikus befindet

Dom begraben, der im 14. Jahrhundert errichtet wurde. An dessen Seiten befinden sich 16 Kapellen verschiedener Domherren, sehenswert sind der spätgotische Flügelaltar und die barocke Orgel. Der Domhügel ist von einer Wehranlage umgeben, in dem quadratischen Turm im Westen soll sich Kopernikus' **Observatorium** befunden haben. Nächtelang hatte der Astronom die Himmelskörper beobachtet und konnte beweisen, dass sich die Erde um die Sonne dreht – und nicht umgekehrt, wie es die Kirche behauptete. Sein Werk »De revolutionibus orbium coelestium« erschien 1543, der Astronom konnte auf seinem Sterbebett noch das frisch gedruckte Exemplar betrachten. Im Glockenturm befindet sich eine Nachbildung des Foucaultschen Pendels, mit dem sich die Drehung der Erde nachweisen ließ.

Das **Barockschloss Cadinen** (Kadyny) ließ Kaiser Wilhelm II. 1901 zu einem prächtigen Palais ausbauen. Heute residiert im restaurierten Anwesen das Hotel Kadyny Country Club. Nahebei bietet ein Gestüt Reitmöglichkeiten.

Vom Hafen fahren im Sommer Tragflügelboote in die russische Enklave Kaliningrad, dafür ist allerdings ein russisches Visum erforderlich, das man sich vor der Reise bei einem russischen Konsulat besorgen muss.

ℹ **Tourist Information** ➜ B6
ul. Mlynarska 5a, Frombork
℃ 55-244 06 77
www.frombork.pl

🏛 ◉ **Domhügel Frauenburg**
➜ B6
℃ 55-244 00 86
www.frombork.art.pl
www.katedra-frombork.pl
Palast, Museum tägl. Mai–Aug. 9.30–17, Sept.–April 9–16 Uhr, Eintritt 8/5 zł, Spital Mo und im Winter auch So geschl.; Dom Mai–Sept. Mo–Sa 9–17, So 12–17, Okt.–April Di–Sa 10–15, So 12–15 Uhr, Eintritt 9/5 zł

An Kopernikus' Wirken erinnert das **Nikolaus Kopernikus Museum/Muzeum Mikołaja Kopernika** im Bischöflichen Palast. Es werden Gegenstände aus seiner Lebenszeit gezeigt, dazu eine große Kollektion von Fernrohren und -röhrchen.

Lidzbark Warmiński/ Heilsberg ➜ B7

Die von den Deutschrittern gegründete Stadt an der Alle (Łyna) war von 1350 bis 1795 Residenz der Bischöfe von Ermland. Die Bischofsburg, eine Vierflügelanlage um einen Arkadenhof, wurde 1401 fertiggestellt. Der Backsteinbau ist heute ein Museum, in dem eine interessante Sammlung mittelalterlicher Skulpturen zu besichtigen ist. Sehenswert sind in Heilsberg die gotische Pfarrkirche Peter-und-Paul aus dem 14. Jahrhundert und das Hohe Tor.

ℹ **Tourist Information** ➜ B7
ul. Wysokiej Bramy 2

Lidzbark Warmiński
☏ 89-767 41 48
www.lidzbarkw.eu

Olsztyn/Allenstein ➡ C6/7

Die Stadt mit heute 170 000 Einwohnern wurde 1353 vom Deutschen Orden gegründet. Nach dem »Dreizehnjährigen Krieg« (1454–66) ging sie 1466 an Polen über. 1772, nach der ersten Teilung Polens, fiel sie an Preußen. Hier lebte und forschte 1516–21 Mikołaj Kopernik (Nikolaus Kopernikus), der als Domkapitelverwalter in die Stadt geschickt wurde.

Nach den Zerstörungen des Zweiten Weltkriegs wurde Allensteins **Altstadt** (Stare Miasto) wieder aufgebaut: Um den Markt stehen die alten Bürgerhäuser mit ihren charakteristischen Laubengängen. Die gotische **Jakobikirche** (Kościół św. Jakuba; 1374–1400) mit einem sehenswerten Netzgewölbe fiel mehreren Feuerbrünsten zum Opfer. Ein weiteres Überbleibsel ist das **Hohe Tor** (Wysoka Brama) der mittelalterlichen Stadtmauern aus dem 14. Jahrhundert.

Die Prachtmeile, die ul. Staromiejska, säumen Geschäfte, Cafés und Restaurants. Ansonsten prägen graue Plattenbauten das Stadtbild. Allenstein ist wegen seiner Lage ein guter Ausgangspunkt für Touren durch die Masuren.

ℹ️ Tourist Information ➡ C6
ul. Staromiejska 1, Olsztyn
☏ 89-535 35 65, www.olsztyn.eu
www.mazury.travel

🏛️👁️ Schloss/Zamek ➡ C7
ul. Zamkowa 2, Olsztyn
☏ 89-527 95 96
www.muzeum.olsztyn.pl
Di–Sa 9–17 (im Winter 10–16), So 10–18 Uhr, Eintritt 12/8 zł
Auf einer Insel an der Alle wurde die Burg Mitte des 14. Jh. errichtet und war Residenz des Domkapitels von Ermland. Sie wurde im 16. und 18. Jh. umgebaut und nach 1945 rekonstruiert. Heute beherbergt die Burg das **Museum von Ermland und Masuren** mit einer interessanten Sammlung von Trachten, Kunsthandwerk und Möbeln. Sehenswert sind die Wohnräume von Kopernikus. Dort sind eine Sonnenuhr, die angeblich von ihm selbst entworfen wurde, sowie andere astronomische Instrumente der damaligen Zeit zu sehen.

Vom Burgturm aus hat man einen schönen Blick auf die Stadt und ihre Umgebung. Im Amphitheater unter der Burg finden im Sommer Theateraufführungen und Konzerte statt.

⛳ Mazury Golf & Country Club ➡ C6
Golfowa 20a, Naterki, Gietrzwald
☏ 89-513 15 40
www.mazurygolf.pl
Die 18-Loch-Anlage wurde 2005 eröffnet und liegt nur wenige Kilometer außerhalb von Olsztyn.

Ausflugsziele:

👁️ Grunwald/Tannenberg ➡ C6
Bei Tannenberg (**Pole bitwy 1410**) schlug das polnisch-litauische Heer unter König Władysław 1410 die Deutschen Ordensritter. Ein Besuch ist nur am 15. Juli zu emp-

Jedes Jahr im Juli wird an die Schlacht bei Tannenberg erinnert

fehlen, wenn die Schlacht in historischen Gewändern nachgestellt wird.

⊙ 🏛 Morąg/Mohrungen ➡ B6

www.morag.pl
Eine Ausstellung im **Dohna-Palast** (ul. Dąbrowskiego 54) erinnert an den großen Philosophen Johann Gottfried Herder, der in Mohrungen 1744 geboren wurde. Der Palast gehörte einst Graf Heinrich zu Dohna-Schlobitten, der an dem Attentatsversuch auf Hitler 1944 beteiligt war und dafür hingerichtet wurde. Sehenswert ist auch die gotische **Pfarrkirche Peter-und-Paul** aus dem 14. Jh.

⊙ ✈ 🧺 Ostróda/Osterode ➡ C6

www.zegluga.com.pl
www.ostroda.pl
Der Ort wird von zwölf Seen umgeben und ist ein Zentrum für Wassersportler. Hier beginnt/endet der 80 km lange **Oberländische Kanal**. Schiffsfahrten zur Milomyn Schleuse sind möglich (April–Okt. So 10 Uhr, Juli/Aug. auch Mo, Mi, Fr, Dauer: 2,5 Std., Ticketverkauf in Osterode, ul. Mickiewicza 9 A, ℂ 89-670 92 17/25).

⊙ 🛏 Stare Jabłonki/Altfinken ➡ C6

Am Ufer des Sees Szeląg Mały befindet sich das luxuriöse Hotel Anders (www.hotelanders.pl).

Von Sorkwity aus kann man eine Kanutour starten

Altfinken ist ein ruhiger Ferienort, umgeben von vielen Bauernhöfen, die heute von Agrartouristik leben.

Mrągowo/Sensburg ➡ B7

Zwar wurde die Stadt schon im 14. Jahrhundert gegründet, doch nichts erinnert heute an die Ursprünge. Das Rathaus und die Bürgerhäuser am Großen Markt wurden in der ersten Hälfte des 19. Jahrhunderts errichtet. Heute gehört Sensburg zu den wichtigsten Tourismuszentren in Masuren. In unmittelbarer Umgebung der Stadt liegen 18 Seen, die bequem per Auto oder Fahrrad zu erreichen sind. In Mrągowo findet alljährlich das Country-Musik-Festival statt. Auch internationale Stars treten im Amphitheater am Ufer des Schlosssees auf.

ⓘ Tourist Information ➡ B7

ul. Warszawska 26
11-700 Mrągowo
ℂ 89-741 80 39
www.ckit.mragowo.pl
www.it.mragowo.pl

Ausflugsziele:

❿ ⊙ ✈ 🧺 Sorkwity/Sorquitten ➡ C7

www.gminasorkwity.pl
In dem kleinen Ort starten Paddeltouren auf dem Fluss Krutynia. Es gibt Übernachtungsmöglichkeiten und einen Bootsverleih. Die 100 km lange Strecke gehört zu den schönsten in Europa. Sie führt über 17 Seen und durch Mischwälder. Unterwegs kann man seltene Tierarten wie Fischotter, Biber, Eisvögel oder Marder beobachten. Übernachtet wird unterwegs in Bootshäusern oder auf Campingplätzen. Aufgrund der geringen Fließgeschwindigkeit ist diese Tour auch für Anfänger gut geeignet. Die Route ist im Sommer stark befahren.

◉ 🏛 🛏 Reszel/Rössel ➡ B7

www.reszel.pl

Die Kleinstadt ist für ihren mittelalterlichen Stadtkern berühmt. Besonders schön sind die Peter-und-Paul-Kirche aus dem 14. Jh. und die gleich alte, quadratische Bischofsburg. In der restaurierten Anlage befindet sich eine Galerie für zeitgenössische Kunst. Außerdem verfügt die Burg über zehn Gästezimmer.

◉ ✤ 🛥 Swięta Lipka/Heiligelinde ➡ B7

www.swieta-lipka.pl

Der Ort Heiligelinde mit seiner barocken Kirche ist der wichtigste Wallfahrtsort in Masuren. Mitte August, zu Mariä Himmelfahrt, kommen Tausende Pilger hierher. Die Jesuiten ließen den Wallfahrtskomplex 1687 bauen, in seiner Mitte steht eine barocke Basilika. Der Hauptaltar ist ein Werk des Königsberger Künstlers Christoph Peucker. Die Orgel mit beweglichen Figuren und 4000 Pfeifen gilt als Meisterwerk.

◉ Kętrzyn/Rastenburg ➡ B7

www.ketrzyn.com.pl

Die von den Kreuzrittern 1329 erbaute Ordensburg wird heute als Museum genutzt. Weitere Sehenswürdigkeiten sind die **Stadtkirche St. Georg** und die **Wehrkirche** mit ihrem 48 m hohen Turm. Sie wurde im 14. Jh. als Teil der Stadtbefestigung errichtet.

Mikołajki/Nikolaiken ➡ C7/8

Schon 1726 erhob Friedrich Wilhelm I. die »Perle von Masuren« zur Stadt. Doch bis zum Anfang des 20. Jahrhunderts lebten nur Fischer und Holzfäller auf der Landenge zwischen Sniardwy- und Tałty-Seen. Seit dem Ersten Weltkrieg ist die Stadt ein wichtiges Segelzentrum und Ausgangspunkt für Törns auf den Großen Seen. Das Stadtzentrum liegt am

Mikołajki ist ein beliebtes Segelzentrum in den Masuren

Ostufer des Mikołajki-Sees. Mehrere schöne Häuser und das ehemalige Rathaus (heute: Hotel »Masuren«) säumen den **Marktplatz** (pl. Wolności).

Eine Legende berichtet vom Stinthengst, dem König der Fische, der in den Gewässern der Gegend geherrscht haben soll. Er brachte immer wieder Fischerboote zum Kentern und die Fischer litten Hunger. Eines Tages gelang es ihnen, den Stinthengst einzufangen. Sie ketteten ihn an den Brückenpfeiler. Jedes Jahr wird das Ereignis im Sommer mit einem farbenfrohen Umzug gefeiert.

Die Prachtmeile von Nikolaiken, die **Kajkistraße**, ist von alten einstöckigen Häuschen gesäumt. Sehenswert ist die evangelische **Kirche**, die 1842 nach Entwürfen von Karl Friedrich Schinkel erbaut wurde. Am Seeufer gibt es unzählige Cafés und Restaurants. Weitere Sommerattraktionen sind das Festival der Segellieder und viele Segelregatten.

ℹ️ Tourist Information ➡ C7/8

pl. Wolności 7, Mikołajki
℡ 87-421 68 50, www.mikolajki.eu

✉ Segelbootcharter ➡ C7/8

Cicha Zatoka-P.U.H. »Domont«

*Schleuse in Lötzen, der inoffi-
ziellen Segelhauptstadt Polens*

ul. Spacerowa 1, Mikołajki
✆ 87-421 62 75, 06 05-31 75 11
www.cicha-zatoka.mazury.info.pl

Ausflugsziele:

 Ryń/Rhein ➡ B7/8
www.ryn.pl
Die 1377 errichtete Ordensritter-
burg, die Mitte des 19. Jh. als Gefängnis diente, wurde in ein no-
bles Schlosshotel umgebaut
(www.zamekryn.pl). Ausflugsschiffe fahren von hier nach Lötzen und Angerburg (Wegor-
zewo).

Giżycko/Lötzen ➡ B8
www.gizycko.pl
www.gizycko.turystyka.pl
Die Deutschen Ordensritter, die
hier 1390 eine Burg bauten, prie-
sen die strategische Lage von Lötzen. Es erstreckt sich malerisch auf
der Landenge zwischen dem
Mamry-(Mauersee) und dem Nie-
gocin-See (Löwentinsee). Hier
treffen sich im Sommer die Segler
und im Winter, wenn die Seen
gefroren sind, die Eissegler. Lötzen ist die ungekrönte Segelhauptstadt Polens. Mit 104 km^2 ist
der Mauersee das zweitgrößte
Binnengewässer Polens. Übertrof-
fen wird er nur vom Sniardwy-/
Sperlingsee mit 114 km^2, der etwas südlich liegt und von Lötzen
per Boot gut zu erreichen ist.

Lötzen ist das Zentrum des
Schiffsverkehrs, Ausflüge führen
nach **Sztynort** (Steinort), zur Insel
Wysoki Ostrów (ein Naturschutz-
gebiet für Kormorane) und nach
Angerburg.
In der Nähe liegt der **Borker Wald**
(Puszcza Borecka), wo heute über
80 Wisente leben. Touristen können die Tiere bei der Fütterung
beobachten. Heute gibt es in Polen noch 650 Wisente. Ein erwach-
sener Bulle wiegt rund 1000 Kilogramm.

**Segelbootcharter Miedzyna-
rodowe Centrum/Zeglarstwa i
Turystyki Wodnej** ➡ B8
ul. Moniuszki 24, Giżycko
✆ 87-428 59 71
www.sail-mazury.pl

**Segelbootcharter Top
Yachting** ➡ B8
ul. Nowowiejska 35 a/16, Giżycko
✆ 87-428 10 15
www.topyachting.pl

Wilczy Szaniec/Wolfsschanze
➡ B7
Gierłoż, Kętrzyn
✆ 89-741 00 31
www.wolfsschanze.pl
Tägl. 8–20 Uhr
Eintritt 15/10 zł
Vor Beginn des Russlandfeldzuges
ließ Adolf Hitler 1940 in den ab-
gelegenen masurischen Wäldern
bei Rastenburg ein geheimes
Hauptquartier bauen, die Wolfsschanze. Die Bunkeranlagen waren gigantisch, die Betondecken
bis zu 3 m dick. Am 20. Juli 1944
verübte Claus Schenk Graf von
Stauffenberg hier sein berühmtes
Attentat auf Hitler. Doch die
Sprengladung verletzte den
»Führer« nur leicht. Stauffenberg
und seine Mitverschwörer wurden hingerichtet. Vor ihrem Ab-
zug sprengten die Deutschen die
meisten Bunker. Die Wolfsschanze
besuchen heute jährlich rund
250 000 Touristen.

Węgorzewo/Angerburg

➡ B8

Angerburg liegt nördlich des Mamry-Sees. Die im Krieg stark zerstörte Kreuzritterburg aus dem 14. Jahrhundert wurde wieder aufgebaut. In der Kirche **Peter-und-Paul** findet sich eine der ältesten Orgeln Masurens. In der Stadt, die 1571 Stadtrechte erhielt, wurde 1661 Georg Andreas Helwing geboren, der sich als Botaniker und Heilkundler einen Namen machte.

ℹ **Tourist Information** ➡ B8
pl. Wolności 11, Węgorzewo
✆ 87-427 40 09
www.wegorzewo.pl

⌧ **Segelbootcharter Mamry Yacht Charter** ➡ B8
ul. Bulwar Loir et Cher 1
Węgorzewo
✆ 87-427 31 85
www.mamry-jacht.pl

Ausflugsziele:

⌧▲⌧◉⌂ **Wigierski Park Narodowy/Nationalpark Wigry**
➡ B9
Krzywe 82, Suwałki
✆ 87-563 25 40

www.wigry.org.pl
Eintritt 5/2,50 zł
Der 21 km² große und bis zu 73 m tiefe Wigry-See gehört zu den schönsten und beliebtesten Segelrevieren Polens. Die Seenlandschaft ist die Heimat von 206 Vogelarten, Rohrweihe, Schreiadler, Seeadler und Singschwan brüten hier ihren Nachwuchs aus. In den Gewässern leben Biber und Wassermäuse, in den Wäldern von Puszcza Augustowska (Augustower Wald) Luchse, Dachse und Wölfe. Der Fluss Czarna Hancza ist für seine malerischen Kajak-Routen bekannt. Auf einer Insel im Wigry-See befindet sich das barocke Kamaldulenser Kloster. Die einstigen Einsiedler-Häuschen werden heute als Fremdenzimmer vermietet.

◉🐃 **Klasztor Pokamedulski/ Kamedulenserkloster** ➡ B9
Wigry 11, Suwalki
✆ 87-566 24 99, www.wigry.pro
Eintritt 8/4 zł
Das Kloster wurde 1667 vom polnischen König Jan Kazimierz gestiftet. Die barocke Kirche besitzt eine reiche Innenausstattung. Von dem Turm bietet sich ein großartiger Ausblick über den See.

Der Nationalpark Wigry aus der Vogelperspektive

Lublin und das Karpatenvorland/Lublin i Podkarpacie

Das Lubliner Land und die Vorkarpaten bilden den Grenzraum zwischen polnischen, ostslawischen (ukrainischen) sowie litauischen Siedlungsgebieten. Der Katholizismus und die Orthodoxie rangen immer um die Gunst der Menschen. Im 17. Jahrhundert erlebte das Lubliner Land eine Blüte, damals wurden prächtige Magnatenresidenzen gebaut. Geprägt wurde die Region auch durch die vielen Juden, die den Kleinhandel beherrschten. Das tragische Ende der Koexistenz kam mit dem Zweiten Weltkrieg. In den nationalsozialistischen Konzentrationslagern Majdanek, Sobibór und Bełżec wurden Hunderttausende Juden ermordet.

Das Gebiet ist heute relativ dünn besiedelt, in den Vorkarpaten gibt es viele unberührte Landstriche, in denen seltene Tier- und Pflanzenarten zu Hause sind.

Die Vista Points sind nach Lublin alphabetisch sortiert.

Lublin ➡ G8/9

Die Anfänge Lublins reichen ins 7. Jahrhundert zurück, doch die Siedlung erhielt erst 1317 das Stadtrecht. Sie blühte danach schnell auf, was sie vor allem ihrer günstigen Lage auf der Route von Krakau nach Wilna zu verdanken hatte. Am 1. Juli 1569 wurde hier die polnisch-litauische Union (Lubliner Union) geschlossen, die den damals größten und einen der mächtigsten Flächenstaaten Europas schuf. Seit dem 15. Jahrhundert prägten jüdische Händler die Stadt – bis zu ihrer fast vollständigen Auslöschung durch die Nazis während des Zweiten Weltkriegs. Heute zählt Lublin rund 350 000 Einwohner und ist das wichtigste Wirtschafts- und Kulturzentrum östlich der Weichsel.

Lublins **historische Altstadt** wurde im letzten Jahrzehnt originalgetreu restauriert. Die repräsentative Einfahrt im Norden bil-

Über den Dächern der Altstadt von Lublin

det das **Grodzka-Tor (Brama Grodzka)** aus dem 14. Jahrhundert. Es wurde früher auch Jüdisches Tor genannt, da es den christlichen und jüdischen Stadtteil miteinander verband. Im Süden verlässt man die Altstadt durch das gotische **Brama Krakowska (Krakauer Tor).**

Im Herzen der Altstadt befindet sich der viereckige **Rynek,** der zu den schönsten Marktplätzen Polens zählt. Die ursprünglich gotischen Bürgerhäuser ringsum wurden später im Stil der Renaissance und des Barock umgebaut. Im Zentrum des Marktes steht das **ehemalige Rathaus,** in dem nach 1590 das Königliche Tribunal für Kleinpolen tagte. Zu den prächtigsten Bauten der Altstadt gehört die **Erzkathedrale.** Die 1585 im Stil der Spätrenaissance errichtete Basilika wurde 1752 barock umgebaut; die prächtigen Wand- und Deckenmalereien stammen aus der Hand des königlichen Hofmalers Josef Mayer.

Gegenüber der Altstadt erhebt sich das **Lubliner Schloss,** dessen Bau bereits im 12. Jahrhundert begann. Auf dem Schloss tagte der Sejm, der 1569 die polnisch-litauische Union beschloss. Die **Schlosskapelle,** die auch als Dreifaltigkeitskirche bekannt ist, gehört zu den interessantesten Bauten des Mittelalters in Polen.

Das Museum der Stadtgeschichte in Lublin befindet sich direkt im Krakauer Tor

Das Museum ist im Krakauer Tor untergebracht, das als Wahrzeichen der Stadt gilt. Es wurde unter Kasimir dem Großen 1341 errichtet und immer wieder um weitere Stockwerke erhöht.

🏛 🖼 **Muzeum Lubelskie/ Lubliner Museum** ➡ G8/9
ul. Zamkowa 9, Lublin
☎ 81-532 50 01/02/03
www.zamek-lublin.pl
Juni–Aug. Di–So 10–18, Sept.–Mai Di–So 9–17 Uhr
Eintritt 10/6,50 zł, Aussichtsturm 9/7 zł
Das Schlossmuseum zeigt europäische und polnische Malerei des 17.–19. Jh. sowie zeitgenössische polnische Malerei.

👁 **Kościół Sw. Trójcy/ Dreifaltigkeitskirche** ➡ G8/9
ul Zamkowa 9, Lublin
☎ 81-537 96 82, 81-537 96 62
Tägl. 10–19.30 Uhr
Eintritt 15/10 zł
Die Kapelle wurde von König Władysław Jagiello gestiftet und 1418 mit farbenprächtigen rus-

ℹ **Tourist Information**
20-109 Lublin, Jezuicka 1/3
☎ 81-532 44 12
www.lublintravel.pl
www.lublin.eu

🏛 **Muzeum Historii Miasta Lublina/Museum der Stadtgeschichte** ➡ G8/9
pl. Łokietka 3, Lublin
☎ 81-532 60 01
www.muzeumlubelskie.pl
Juni–Aug. Di–So 10–18, Sept.–Mai Di–So 10–17 Uhr
Eintritt 5,50/4,50 zł

Das Staatliche Museum Majdanek war europaweit die erste Gedenkstätte für die Opfer der Nazi-Verbrechen

sisch-orthodoxen Fresken verziert. Die Verbindung der westeuropäischen Gotik mit den byzantinisch-altrussischen Traditionen des Ostens gibt es sehr selten. Nachdem das Schloss Anfang des 19. Jh. zum Gefängnis umfunktioniert wurde, diente die Dreifaltigkeitskirche als Gefängniskapelle. Die Wandmalereien wurden überputzt und erst 1899 neu entdeckt. Die Restaurierung hat mit Unterbrechungen bis 1997 gedauert.

✗ Restauracja Kardamon
➡ G8/9
ul. Krakowskie Przedmieście 41 Lublin
✆ 81-448 02 57, 784-60 97 43
www.kardamon.eu
Mo–Sa 12–23, So 12–22 Uhr
Gute polnische Küche mit östlichen Einflüssen, Kalbsfilet mit Gänseleber ist eine Delikatesse. €€

Ausflugsziel:

◉ ⬤ 🏛 Państwowe Muzeum na Majdanku/Staatliches Museum Majdanek ➡ G8/9
ul. Droga Męczenników Majdanka 67, Lublin
✆ 81-710 28 33, www.majdanek.eu
April–Okt. tägl. 9–17, Nov.–März tägl. 9–16 Uhr
Führungen auf Englisch und Deutsch nach Vereinbarung unter ✆ 81-710 28 33 oder 81-710 28 36, centrum@majdanek.eu

Eintritt frei, Führung auf Deutsch (bis 10 Pers.) 150 zł, Parken 5 zł
Am Stadtrand von Lublin errichteten die deutschen Besatzer 1941 ein Kriegsgefangenenlager, das später zum Konzentrationslager umfunktioniert wurde. Im August 1942 begannen die Nazis mit dem Bau von Gaskammern. Bis zur Befreiung durch die Rote Armee am 23. Juli 1944 wurden in Majdanek rund 150 000 Menschen aus 30 Ländern interniert, vor allem Polen, Juden, Russen und Ukrainer. Mehr als 80 000 wurden ermordet, davon 60 000 Juden.

Bereits 1944 wurde das Staatliche Museum Majdanek eingerichtet, das den hier verübten Massenmord dokumentieren und das Andenken an die Toten pflegen sollte. Das Gelände blieb größtenteils unverändert und ist eine der am besten erhaltenen Stätten des Naziterrors. Auf dem Gebiet des Lagers befinden sich 70 historische Objekte, darunter die Gefangenenbaracken, Wachtürme, Gaskammer, Werkstätten und Krematorien.

Am Eingang des Lagers wurde 1969 ein Denkmal eingeweiht. Im Mausoleum wird die Asche der Toten aufbewahrt. In einer ständigen Ausstellung kann man sich über die Geschichte des Konzentrationslagers informieren. Viele Menschen nutzen diese Gelegenheit.

Chełm ➡ G9
Alle Schulkinder in Polen kannten früher die Stadt: Die Kreide, mit der sie auf den Schultafeln schrieben, kam aus den umliegenden Stollen. Seit dem 13. Jahrhundert wird hier der Kalkstein abgebaut. Die Stollen haben eine Gesamtlänge von rund 18 Kilometern und sind bis zu 30 Meter tief. In den 1960er Jahren ließ die Stadt den Großteil der verfallenen Stollen mit Schlamm auffüllen. Zwei

Kilometer wurden verstärkt und für Besucher geöffnet.

Chełm ist Bischofssitz der griechisch-katholischen Kirche, die mit der Union von Brest ihren Anfang nahm. 1596 erkannten die orthodoxen Bischöfe im polnisch-litauischen Staat die römische Rechtsprechung an, behielten jedoch ihre traditionelle Liturgie nach byzantinischem Ritus. Der Bischofssitz mit einer barocken Kirche von 1740 und einem Palast der unierten Bischöfe befindet sich am Góra Zamkowa im Osten der Stadt.

🛈 **Tourist Information** ➡ G9
ul. Lubelska 63, Chełm
✆ 82-565 36 67, www.itchelm.pl

◎ ⚏ **Chełmskie Podziemia Kredowe** ➡ G9
ul. Lubelska 55a, Chełm
✆ 82-565 25 30
www.podziemiakredowe.pl
Besichtigung tägl. um 11, 13 und 16 Uhr mit Führung
Eintritt 10/7 zł
Die erhaltenen Stollen mit einer Gesamtlänge von knapp 2 km verlaufen direkt unter der Stadt. Da

die Temperatur hier das ganze Jahr bei etwa 9 Grad liegt, haben die Bewohner früher die Stollen als Speicher genutzt.

Kazimierz Dolny ➡ F8

Die Kleinstadt auf dem rechten Ufer der Weichsel wurde nach König Kazimierz Wielki (Kasimir dem Großen) benannt, der ihr im 14. Jahrhundert das Stadtrecht verlieh. Ihre wirtschaftliche Bedeutung verdankt sie dem Handel mit Getreide, das aus dem Süden nach Danzig per Boot auf der Weichsel transportiert wurde. Polen war im 16. Jahrhundert der größte Getreideproduzent in Europa. Aus dieser Zeit stammen die Pfarrkirche und mehrere Bürgerhäuser rund um den Altstadtmarkt. Seit dem 14. Jahrhundert siedelten sich viele Juden in Kazimierz an und prägten das Leben der Stadt mit. Ihr Anteil an der Stadtbevölkerung betrug zeitweise bis zu 80 Prozent. Während der Adel den Getreidehandel kontrollierte, lag der Einzelhandel in Kazimierz Dolny in der Hand der Juden. Der Zweite Weltkrieg setzte

Die Kleinstadt Kazimierz Dolny wurde nach Kasimir dem Großen benannt

dieser Koexistenz ein Ende. Der größte Teil der jüdischen Bevölkerung wurde in den deutschen Vernichtungslagern ermordet. An das jüdische Leben in Kazimierz Dolny erinnern heute noch die Alte Synagoge und der jüdische Friedhof, der schon 1568 urkundlich erwähnt wurde. Heute leben viele Maler und Künstler in Kazimierz.

ⓘ Tourist Information ➡ F8
Rynek 15, Kazimierz Dolny
℡ 81-881 07 09
www.kazimierz-dolny.pl

Nałęczow ➡ F/G8
Die Familie Małachowski ließ in Nałęczow 1771 einen spätbarocken Palast bauen. Doch erst hundert Jahre später stieß man bei der Suche nach Eisenerz auf Mineralquellen. Antoni Małachowski errichtete damals die ersten Kureinrichtungen. Ende des 19. Jahrhunderts stieg Nałęczow zu einem der beliebtesten Kurorte des Landes auf. Nach der Wende 1989 wurde das Kurbad privatisiert. Heute stehen den Kurgästen sechs verschiedene Einrichtungen zur Verfügung, die auf die Behandlung von Patienten mit Herz-

Kreislauf-Leiden spezialisiert sind (www.luxmednaleczow.pl).

Wichtigste Sehenswürdigkeit der 5000 Einwohner zählenden Stadt sind der Małachowski-Palast sowie der 200 Jahre alte Kurpark mit seinen Bade- und Trinkeinrichtungen. Im Palast finden Konzerte statt. Das Palmenhaus dient gleichzeitig als Trinkhalle.

🏛 Muzeum Bolesława Prusa
➡ F/G8
Al. Małachowskiego 5
Nałęczow
℡ 81-501 47 80, 81-501 45 52
www.infonaleczow.pl
www.naleczow.pl
Mi–Fr 9–16, Sa/So 9–16 Uhr, nur Gruppen nach Vereinbarung
Einige Räume im Małachowski-Palast, die der berühmte Schriftsteller Bolesław Prus während seiner Aufenthalte nutzte, beherbergen heute sein Museum.

💲🛏 Kurhotel Termy Pałacowe
➡ F/G8
Al. Małachowskiego 5
Nałęczow
℡ 81-501 43 56
www.spanaleczow.pl
Das beste Haus im Kurort bietet Wellness- und Spa-Behandlungen.

Altes Badehaus in der Kurstadt Nałęczow

Ausflugsziele:

🏛🎭 **Kozłówka Muzeum Zamoyskich/Zamoyski-Museum**
➡ F8
Kozłówka 3, Kamionka
☏ 81-852 83 10
www.muzeumzamoyskich.pl
Tägl. außer Mo 21. März–Juni 9–16, Juli/Aug. 10–17, Sept./Okt. 9–16, Nov.–3. Dez 10–15 Uhr, im Winter geschl., Eintritt 24/12 zł
Der Palast der Zamoyski-Familie wurde 1742 errichtet und 1897–1914 von Konstanty Zamoyski komplett umgebaut. Die erhaltene Innenausstattung stammt überwiegend vom Beginn des 20. Jh. Der Palast ist von einem alten Park umgeben.

Marktplatz in Rzeszów

Przemyśl ➡ J9

Die Stadt an der Grenze zur Ukraine blickt auf eine 1000-jährige Geschichte zurück. Im 14. Jahrhundert baute Kazimierz der Große hoch über dem Tal des San-Flusses ein gotisches Schloss, das später mehrmals umgebaut wurde. Zu Füßen des Schlosshügels stiftete König Władysław Jagiełło eine gotische Kathedrale, die nach dem Umbau im 18. Jahrhundert barock daherkommt. Das Goldene Zeitalter erlebte Przemyśl Anfang des 18. Jahrhunderts, davon zeugen prunkvolle Kirchen, die von Franziskanern, Jesuiten und Karmelitern errichtet wurden. Kurz nach der Teilung Polens bauten die Österreicher auf den Hügeln um Przemyśl eine der größten Festungen Europas und in der Stadt entstanden Hunderte **sezessionistische Wohnhäuser,** derer sich Wien, Krakau oder Lemberg nicht zu schämen bräuchten.

ℹ **Tourist Information** ➡ J9
ul. Grodzka 1
Przemyśl
☏ 16-675 21 63
www.visit.przemysl.pl

Rzeszów ➡ H/J8

Die Stadt im Wislok-Tal wurde 1354 erstmals urkundlich erwähnt und erlebte im 16. Jahrhundert ihre Blüte. In der darauffolgenden Zeit wurde Rzeszów aber immer wieder von den Nachbarn geplündert und zerstört. Den Marktplatz mit dem barocken Rathaus säumen **klassizistische und neogotische Bürgerhäuser** aus dem 18. und 19. Jahrhundert. Das Haus Nr. 12 beherbergt das Historische Museum, in den Häusern Nr. 13 und 14 befindet sich das beste Hotel der Stadt, Hotel Ambasadorski.

Die Altstadthäuser, die meist reichen Kaufleuten gehörten, hatten tiefe Keller, die als Warenlager genutzt und miteinander durch Gänge und Treppen verbunden wurden. Rund 40 dieser unterirdischen Räume, zwischen denen sich 369 Meter Tunnel erstrecken, können heute besichtigt werden.

Mehrere Bauten verdankt Rzeszów der Magnatenfamilie Lubomirski, die im Südosten Polens ihre Ländereien hatte, darunter das **Schloss** und das **spätbarocke Sommerpalais,** das im späten 17. Jahrhundert nach einem Plan von Tylman van Gameren erbaut

Schloss Łańcut ist umgeben von einem Park im englischen Gartenstil

wurde. In der ul. 3 Maja, der beliebten Flaniermeile von Rzeszów, befindet sich das ehemalige Piaristenkloster aus dem 17. Jahrhundert mit der Kreuzkirche. Von der wechselvollen Geschichte der jüdischen Bevölkerung von Rzeszów zeugt die nördlich des Marktplatzes gelegene **Altstädtische Synagoge.** Sie wurde 1610 im Stil der Renaissance gebaut und später mehrfach umgebaut. In der ul. Sobieskiego befindet sich die Neustädtische Synagoge, die heute eine Galerie sowie ein Café beherbergt.

ℹ️ **Tourist Information** ➡ H/J8
ul. Grunwaldzka 2
Rzeszów
✆ 17-852 00 09
www.podkarpackie.travel.pl/html/index.php
www.epodkarpacie.com

🏛 **Muzeum Historii Miasta/ Museum der Stadtgeschichte**
➡ H/J8
ul. Rynek 12, Rzeszów
✆ 17-875 41 99
www.muzeum.rzeszow.pl/pl
Di/Mi, Fr 8.30–15.30, Do 8.30–17.30, Sa/So 14–19 Uhr
Eintritt 10/8 zł

Die Ausstellung über die turbulente Geschichte der Stadt befindet sich in einem ehemaligen Konvent.

✕ ✉ **Hotel Ambasadorski**
➡ H/J8
Rynek 13-14, Rzeszów
✆ 17-250 24 44
www.ambasadorski.com
Tägl. 12–23 Uhr
Das beste Restaurant der Stadt befindet sich im Hotel am Markt. Eine eigene Konditorei gehört dazu. €€

Ausflugsziele:

◉ 🏛 🌳 **Łańcut Muzeum-Zamek/Schlossmuseum Łańcut**
➡ H8
ul. Zamkowa 1, Łańcut
✆ 17-225 20 08
www.zamek-lancut.pl/de/
Juni–Sept. Mo 12–16, Di–Fr 9–16, Sa/So 10–18, Feb.–Mai, Okt.–Nov. Mo 12–16, Di–Sa 9–16, So 9–17 Uhr
Eintritt Schloss, Ställe, Wagenremise 36/27 zł
Das Schloss der Familie Lubomirski, erbaut 1628–41, gehört zusammen mit dem Schlosspark zu den schönsten Adelsresidenzen Polens. Das Schloss wurde mehr-

mals umgebaut und ist heute ein Museum, zu dem auch eine Sammlung alter Pferdekutschen gehört.

👁 **Jarosław** ➡ H9

www.jaroslaw.pl
Seit dem 15. Jh. war die Stadt ein wichtiger Handelsplatz zwischen Ost und West. Das Jesuitenkolleg mit der Fronleichnam-Kirche aus dem 16. Jh., das Dominikanerkloster mit der Kirche der Schmerzhaften Muttergottes aus dem 17. Jh. und mehrere Bürgerhäuser am Markt sind sehenswert. Unter der Altstadt befindet sich ein System von Tunneln und Gewölben, das einst als Warenlager und Unterschlupf diente.

🏕🚻🚶 **Bieszczadzki Park Narodowy/Bieszczady-Nationalpark** ➡ K8/9

Hauptbüro: Ustrzyki Górne 19 Lutowiska
☎ 13-461 06 10
www.bdpn.pl
www.bieszczady.pl
Info-Stand: Lutowiska 2 (Gegenüber dem Parkplatz neben der Kirche)
☎ 13-461 03 50
Mo–Fr 7.30–15.30 Uhr

Die Berglandschaft an der Grenze zur Ukraine und der Slowakei ist weitgehend unberührt und menschenleer. Bis zu einer Höhe von 1150 m sind die sanften Hügel von Buchen- und Tannenmischwäldern bedeckt, darüber erstrecken sich ausgedehnte Gebirgsweiden, die Poloniny. Der höchste Berg ist die 1346 m hohe Tarnica. Im Nationalpark leben 284 Wirbel- und 58 Säugetierarten, darunter Karpatenhirsche, Elche, Wisente, Braunbären, Wölfe und Luchse.

In Bieszczady gibt es rund 130 km Wanderwege, viele sind auch mit dem Fahrrad befahrbar. Im Winter werden Schneeschuh-Wanderungen durch tief verschneite Landschaften organisiert. Im Dorf Tarnawa Niżna kann man die Zucht von Huzulen-Ponys besichtigen und Pferde-Wanderungen unternehmen.

Włodawa ➡ F9

Drei Religionen und drei Kulturen haben die Geschichte der Stadt am Bug geprägt: Katholiken, Russisch-Orthodoxe und Juden. Neben den Türmen der katholischen Kościół Sw. Ludwika (Kirche des hl. Ludwig) ragen die Zwie-

130 Kilometer Wanderwege führen durch den Bieszczady-Nationalpark

Einst lebten in der Stadt Włodawa Juden, Katholiken und russisch-orthodoxe Christen friedlich zusammen

beltürme der russisch-orthodoxen Kirche in den Himmel. Die **Große Synagoge** gehört zu den schönsten jüdischen Gotteshäusern, die den Zweiten Weltkrieg überlebt haben. Vor dem Holocaust waren rund 70 Prozent der Bevölkerung in Włodawa jüdischen Glaubens. Die Nazis ermordeten die meisten jüdischen Einwohner im nahe gelegenen Vernichtungslager Sobibór. Die Synagoge wurde zwischen 1764 und 1774 nach Entwürfen des Architekten Paolo Antonio Fontana gebaut und beherbergt heute ein Museum.

 Tourist Information ➡ F9
ul. Partyzantów 25, Włodawa
✆ 82-571 70 73
www.um.wlodawa.eu

Zamość ➡ G9

Die Idee einer Idealstadt, in der Ästhetik und Funktionalität gleichermaßen wichtig sind, hat die Menschheit seit der Antike beschäftigt. Aber nur selten hatten Architekten die Möglichkeit, ihre Pläne zu realisieren. Da ist die auf dem Reißbrett entstandene Renaissancestadt Zamość eine große Ausnahme. Der venezianische

Architekt Bernardo Morando entwarf die Pläne im Auftrag des polnischen Großkanzlers Jan Zamoyski und überwachte die Bauarbeiten, die von 1581 bis 1605 dauerten. Entstanden ist ein **Kleinod der Renaissance-Architektur,** eine Adelsresidenz und Handelsstadt, eine Festung und ein religiöses Zentrum zugleich. Die berühmteste Tochter von Zamość ist Rosa Luxemburg, die hier 1871 geboren wurde.

Das Zentrum der Stadt bildet der 100 Meter breite und 100 Meter lange **Rynek Wielki (Großmarkt)**, an dem sich das **Rathaus** mit seinem 50 Meter hohen Uhrenturm und einer schwungvollen Freitreppe befindet. An das Rathaus grenzen die **Armenischen Häuser,** in denen einst armenische Händler lebten. Die schwungvollen Fassaden sind teilweise mit orientalischen Motiven, Flachreliefs von Christus, den Aposteln und Maria sowie Tierfiguren geschmückt. In den Häusern ist das Stadtmuseum untergebracht.

Von dem alten Zamoyski-Palais ist nur ein Torso geblieben, auch die alte Befestigungsanlage, die den Angriffen von Kosaken und Schweden standhielt, liegt weitgehend in Ruinen. Sehenswert ist die **dreischiffige Kirche** (1587–1630) mit ihrer manieristischen Fassade, in der sich die Zamoyski-Kapelle mit dem Marmorgrabmal des Großkanzlers Jan befindet. An die anderen Volksgruppen, die einst in Zamość lebten, erinnern eine Synagoge und eine orthodoxe Kirche.

Von den 12 500 Juden, die zu Beginn des Zweiten Weltkriegs in Zamość lebten, wurden die meisten 1942 in die Konzentrationslager Bełżec und Sobibór deportiert und dort ermordet. Ende November 1942 befahl Heinrich Himmler auch die Deportation der Polen aus dem in »Himmlerstadt« umbenannten Zamość, um Platz für Deutsche aus Bessarabien, aus dem Baltikum und aus Russland zu schaffen. Bis zum Abbruch der Aktion im August 1943 deportierten die Nazis fast 100 000 Polen aus der Region. Tausende polnische Kinder wurden zur Eindeutschung ins Reich gebracht, wo sie bei deutschen Familien aufgewachsen sind.

Rund 8000 Deutsche aus dem Osten wurden zur gleichen Zeit rund um Zamość angesiedelt, darunter auch die aus Bessarabien stammenden Eltern des früheren Bundespräsidenten Horst Köhler. Er wurde im Februar 1943 in Skierbieszów geboren, das etwa 18 Kilometer von Zamość entfernt liegt.

Nach dem Krieg wurde Zamość aufwendig restauriert. Die UNESCO erklärte die Stadt 1992 zum **Weltkulturerbe.** Jedes Jahr besuchen über 150 000 Touristen die Stadt. In den Sommermonaten finden mehrere Kulturveranstaltungen in Zamość statt, darunter der Theatersommer, das Filmfestival und das Musikfestival »Jazz im Grenzgebiet«. Beim Altstadtfest treten auch Folkloregruppen aus der benachbarten Ukraine auf.

ℹ️ Tourist Information ➡ G9
Rynek Wielki 13, Zamość
☎ 84-639 22 92
www.zci.zamosc.pl

🏛 Fundacja Ochrony Dziedzictwa Żydowskiego Centrum Synagoga/Kulturzentrum Synagoge ➡ G9
ul. Pereca 14, Zamość
☎ 84-639 00 54
www.zamosc.fodz.pl
März–Okt. Di–So 10–18, Nov.–Feb. Di–So 10–14 Uhr
Eintritt frei, Spenden willkommen
Ein multimediales Museum, das der Geschichte der Juden in Zamość gewidmet ist, befindet sich in dem Renaissancebau der alten Synagoge.

🏛 Muzeum Zamojskie/ Stadtmuseum ➡ G9
ul. Ormiańska 30, Zamość
☎ 84-638 64 94-95
www.muzeum-zamojskie.pl
Di–So 9–16 Uhr
Eintritt 12/6 zł
In mehreren Ausstellungen wird die Geschichte der Stadt und dessen Gründers Jan Zamoyski dokumentiert sowie die Ethnografie der Region präsentiert. ∎

Am Reißbrett entworfen: der Großmarkt der Renaissancestadt Zamość

Polen in Zahlen und Fakten

Fläche: 312,7 km^2
Ausdehnung: West-Ost 649 km, Nord-Süd 689 km
Einwohner: 38,41 Mio.
Bevölkerungsdichte: 123 Einwohner/km^2
Längster Fluss: Weichsel (1022 km)
Länge der polnischen Ostseeküste: 528 km
Höchste Erhebung: Rysy (2499 m)
Hauptstadt: Warschau
Größte Städte: Warschau (1,8 Mio.), Krakau (770 000), Łódź (688 000), Breslau (639 000), Posen (538 000), Danzig (465 000), Stettin (403 000)
Wojewodschaften (Bundesländer): 16
Regierungsform: Parlamentarische Demokratie
Staatspräsident: Andrzej Duda
Regierungschef: Ministerpräsident Mateusz Morawiecki (PiS, seit Dez. 2017)
Konfessionen: Katholiken (95 %), Orthodoxe (1,3 %), Protestanten (0,3 %)
Währung: Złoty

Anreise, Einreise

EU-Bürger und Schweizer benötigen für die Einreise nach Polen einen gültigen Personalausweis oder Reisepass. Auch Kinder benötigen ein eigenes Reisedokument.

Mit dem Flugzeug:
Alle Großstädte in Polen werden von deutschen Flughäfen angeflogen. Wichtigster Flughafen ist der **Fryderyk-Chopin-Flughafen** (www.lotnisko-chopina.pl), ca. zehn Kilometer vom Warschauer Zentrum entfernt. Eine Taxifahrt in die Stadt kostet etwa 40 Złoty.

Die nationale polnische Fluggesellschaft LOT und die deutsche Lufthansa fliegen täglich von München, Frankfurt/Main, Düsseldorf, Hamburg und sechs weiteren deutschen Städten nach Warschau. Insgesamt werden zehn polnische Städte von den beiden Fluggesellschaften direkt angeflogen. Infos: www.lot.com, www.lufthansa.com.

Zudem bieten die Billigflieger Ryan Air (www.ryanair.com), Wizz Air (www.wizzair.com) und Eurowings (www.eurowings.com) günstige Flüge nach Polen an.

Infos zu weiteren Flughäfen:

✈ **Breslau**
www.airport.wroclaw.pl
8 km westlich des Stadtzentrums.

✈ **Bromberg**
www.plb.pl
6 km südwestlich des Stadtzentrums.

✈ **Danzig**
www.airport.gdansk.pl
In Rębiechowie, 14 km vom Stadtzentrum entfernt.

✈ **Kattowitz**
www.katowice-airport.com
30 km nördlich der Stadt.

✈ **Krakau**
www.krakowairport.pl
In Balice, 11 km westlich des Stadtzentrums.

✈ **Lodsch**
www.lotnisko.lodz.pl
7 km westlich des Stadtzentrums.

✈ **Posen**
www.airport-poznan.com.pl
7 km westlich des Stadtzentrums.

✈ Rzeszów

www.rzeszowairport.pl
9 km nördlich des Stadtzentrums.

Mit der Bahn:

In die meisten polnischen Großstädte gibt es Direktverbindungen aus Deutschland. Auf der Strecke von Berlin über Posen nach Warschau und über Breslau nach Krakau verkehren Intercity-Züge. Die Verbindungen nach Danzig und Allenstein sind etwas langsamer. Zwischen den großen Städten in Polen existieren gute Intercity-Verbindungen. Regional- und Nahverkehrszüge halten aber an vielen kleinen Stationen.

🚇 Zugverbindungen

✆ 197 57
www.intercity.pl, www.pkp.pl

Mit dem Bus:

Von allen deutschen Großstädten gibt es Busverbindungen nach Polen. Die Fahrt dauert oft lange, ist jedoch preiswert. Die größten Anbieter sind: Eurolines/Touring (www.eurolines.de), Flixbus (www.flixbus.de), Sindbad (www.sindbad.pl).

Mit dem Auto:

Wer mit einem Auto nach Polen reist, muss Kfz-Schein und nationalen Führerschein mitführen (vgl. »Automiete, Autofahren«).

Auskunft

ℹ Polnisches Fremdenverkehrsamt

– Hohenzollerndamm 151
14199 Berlin
✆ 030-21 00 92-0
www.polen.travel/de
– Fleschgasse 34/2a, 1130 Wien
✆ +43-1-524 71 91
www.polen.travel/de-at
Das Polnische Fremdenverkehrsamt unterhält im ganzen Land Filialen. Die Mitarbeiter sind gut informiert und beherrschen Fremdsprachen. Broschüren, Pläne und anderes Infomaterial sind in allen Tourist Informationen zu erhalten. Adressen finden Sie im Kapitel Vista Points.

ℹ Polska Organizacja Turystyczna ➡ eF2

ul. Chałubińskiego 8
00-613 Warszawa
✆ 22-536 70 70, www.pot.gov.pl
www.edenpoland.pl

ℹ Goethe-Institut

– ul. Chmielna 13a
Warszawa ➡ eE4
✆ 22-505 90 00
www.goethe.de/warschau
– Rynek Główny 20
31-008 Krakow ➡ fC3
✆ 12-422 58 29
www.goethe.de/krakow

Automiete, Autofahren

Inzwischen verleihen große Verleihfirmen ihre Autos für eine Fahrt nach Polen. In Polen können Fahrzeuge in jeder größeren Stadt gemietet werden. Alle bekannten Verleiher wie Avis, Sixt, Europcar oder Hertz sind in Polen präsent. Der deutsche Führerschein wird akzeptiert. Der Verkehr ist in Polen sehr dicht, Vorsicht ist geboten. In den letzten Jahren wurden neue Autobahnen und Schnellstraßen gebaut, die von Deutschland nach Warschau, Krakau und Danzig führen. Sie sind gebührenpflichtig.
    Die Verkehrsregeln unterscheiden sich kaum von denen in

Entlang grüner Kiefernwälder:
Bahnstrecke zur Küstenstadt Jurata

Deutschland. Grundsätzlich gilt die **Höchstgeschwindigkeit**: auf Landstraßen 90 km/h, in Ortschaften 50 km/h, auf den Autobahnen 130 km/h. Es besteht Anschnallpflicht. Die **Alkoholgrenze** liegt bei 0,2 Promille. Bei Überschreitung kann der Führerschein eingezogen und das Fahrzeug sichergestellt werden. Telefonieren mit Handys ist während der Fahrt verboten. Autos müssen auch tagsüber mit Abblendlicht fahren.

Bei Unfällen muss die Polizei benachrichtigt werden: ✆ 997. Für die spätere Schadensregulierung in Deutschland unbedingt ein Exemplar des Polizeiprotokolls verlangen!

In den meisten Großstädten ist das **Parken** gebührenpflichtig. Ausländische Fahrer müssen **Bußgeld** in Polen oft an Ort und Stelle zahlen. Seit Anfang 2008 werden die in Polen begangenen Verstöße auch in Deutschland verfolgt. Die Strafen reichen von 50 bis 500 Złoty. Bei groben Verstößen werden höhere Bußgelder vom Gericht verhängt. **Tankstellen** sind in Großstädten und an den Fernstraßen rund um die Uhr geöffnet.

Landesweite Pannenhilfe: ✆ 981
Lokaler Pannenhilfe/Abschleppdienst:
www.pomocdrogowa.info
www.sosauto24.pl
ADAC-Notruf: ✆ +49-89 22 22 22

Diplomatische Vertretungen

ℹ️ **Botschaft der Republik Polen**
Lassenstr. 19–21, 14193 Berlin
✆ +49-30-223 13-0, +49-30-70 01 48 00 (Konsular-Informationszentrum), www.berlin.msz.gov.pl

ℹ️ **Botschaft der Republik Polen**
Hietzinger Hauptstraße 42C
1130 Wien
✆ +43-1-870 15-100, 870 15-0
www.wieden.msz.gov.pl

ℹ️ **Botschaft der Republik Polen**
Elfenstrasse 20a, 3006 Bern
✆ +41-31-358 02 02
www.berno.msz.gov.pl

ℹ️ **Botschaft der Bundesrepublik Deutschland/Ambasada Republiki Federalnej Niemiec**
ul. Jazdów 12, 00-467 Warszawa
✆ 22-58 41-700
www.warschau.diplo.de

ℹ️ **Österreichische Botschaft/ Ambasada Republiki Austrii**
ul. Gagarina 34, 00-748 Warszawa
✆ 22-841 00 81
www.bmeia.gv.at/warschau

ℹ️ **Schweizer Botschaft/ Ambasada Konfederacji Szwajcarskiej**
al. Ujazdowskie 27
00-540 Warszawa
✆ 22-628 04 81/82
www.eda.admin.ch/warschau

Einkaufen

In allen Großstädten gibt es große Supermärkte wie Metro, Tesco oder Real. Beliebte Mitbringsel sind Erzeugnisse des polnischen Handwerks, Schnitzereien und Handarbeiten, Öl- und Wasserfarbenbilder, Bernstein- und Silberschmuck. Seit der Wende 1989 sind in allen großen Städten moderne Einkaufszentren entstanden, in denen sich sowohl ausländische wie polnische Markengeschäfte befinden. Manche dieser Konsumtempel nutzen alte Industriehallen (z.B. Stary Browar in Posen und Manufaktura in Lodsch), die für die neuen Anforderungen umgebaut wurden.

Essen und Trinken

Die Polen essen gern reichlich und deftig. Viele Gerichte sind historische Anleihen von benachbarten

Völkern. Das bekannteste Gericht ist *bigos*, ein Eintopf aus Sauerkraut, Weißkohl und Wurst- und Fleischsorten. Kaum ein Land hat so viele Wurstsorten, die sowohl frisch gekocht als auch geräuchert daherkommen. Die bekanntesten sind die dicke *Krakowska* (Krakauer), die dünnen *Kabanosy* (Cabanossi) und die luftgetrocknete *Mysliwska* (Jägerwurst).

Die polnische Küche soll auch 400 Suppen kennen, darunter *barszcz*, eine Rote-Bete-Suppe, die oft mit Kartoffeln serviert wird, und *pomidorowa*, die Tomatensuppe mit Sahne. Typisch ist das panierte Schweineschnitzel, das in Polen *schabowy* heißt. Beliebt sind auch *pierogi*, gefüllte Teigtaschen, die Fleisch, Spinat, Sauerkraut, Pilze, Lachs oder auch Kartoffeln enthalten können. Viele Gerichte werden mit Beilagen serviert, etwa mit marinierten Pilzen oder Sauergurken. Als Nachtisch gibt es Käse- und Mohnkuchen. Dazu wird Tee (*herbata*) getrunken.

Die Vorliebe der Polen für Wodka ist sprichwörtlich, auch wenn heute Bier und Wein die alten Trinkgewohnheiten verändern. Die bekanntesten Wodka-Sorten sind Wyborowa, Soplica und Zubrówka, der mit einem Halm Büffelgras daherkommt. Verglichen mit Deutschland sind die Preise in den polnischen Cafés und Restaurants etwas günstiger. Speisekarten sind häufig mehrsprachig. Guter Restaurantführer: www. poland100bestrestaurants.pl.

Bei den empfohlenen Restaurants werden **Preiskategorien** (€) angegeben, die sich auf den Preis für ein Gericht mit Vorspeise und Getränk beziehen:

€	– unter 10 Euro
€€	– 10 bis 17 Euro
€€€	– 18 bis 25 Euro
€€€€	– über 25 Euro

Polnische Pierogi werden traditionell mit saurer Sahne und Petersilie serviert

Feiertage, Feste

Nationale Feiertage:

1. Januar – Neujahr
Wielkanoc – Ostersonntag/Ostermontag
1. Mai – Tag der Arbeit
3. Mai – Tag der Verfassung
Boże Ciało – Fronleichnam
15. August – Mariä Himmelfahrt
1. November – Allerheiligen
11. November – Unabhängigkeitstag
25./26. Dezember – Weihnachten

Sehenswerte Feste und Umzüge:

April
Passionsspiel in **Kalwaria Zebrzydowska** (40 km südl. von Krakau).

Juni
Lajkonik: Der traditionelle Umzug durch **Krakaus Altstadt** geht auf die mongolischen Überfälle im 13. Jahrhundert zurück. Ein Krakauer Flößer, der einen Khan getötet haben soll, zieht in einer fantasievollen Verkleidung in die Stadt ein.
Tage des Meeres: Am zweiten Juni-Wochenende findet in **Stettin** ein Oldtimer-Treffen der alten Schiffe und Boote statt. Konzerte begleiten die Veranstaltung (www.dnimorza.szczecin.eu).
Wrocław Non Stop: Vier Wochen lang ist **Breslau** eine einzige gigantische Bühne: Theater, Film,

Performance, Musik und Malerei.

Jüdisches Kulturfestival: Das größte jüdische Kulturfest in Mitteleuropa findet Anfang Juni statt. In **Kazimierz**, dem jüdischen Viertel von **Krakau**, treten Klezmer-Musiker aus dem In- und Ausland auf, es finden Theateraufführungen, Diskussionen und Workshops statt (www.jewishfestival.pl).

Internationales Theaterfestival »Malta«: Beim größten polnischen Festival des Straßentheaters in **Posen** treten Spitzengruppen aus ganz Europa auf. Gespielt wird auf den schönsten Plätzen der Stadt und im Freizeitpark »Malta« (www.malta-festival.pl).

Juli
Jazz in der Altstadt: Polnische und internationale Jazzstars spielen auf dem Altstadtmarkt in Warschau (Ende Juni bis Mitte August, www.jazznastarowce.pl).

Country-Piknik: Seit 33 Jahren verwandelt sich Mrągowo (Sensburg) am letzten Wochenende im Juli in Klein-Nashville. Aus dem ganzen Land reisen Country-Fans an, um internationalen Interpreten zu lauschen (www.piknik.mragowo.wm.pl).

August
Internationales Shakespeare-Festival: Renommierte Theatertruppen bringen seit 1997 Stücke von William Shakespeare nach **Danzig** (www.festiwalszekspirowski.pl).

Festival Slawen und Wikinger: Mittelalter-Festival auf der Insel Wolin.

Poland Rock Festival: das Sommer-Rock-Festival findet seit 1995 alljährlich Anfang August in **Kostrzyn nad Odrą** westlich von Posen statt (www.polandrockfestival.pl).

Nowe Horyzonty Filmfestival: Festival des Autorenkinos von Ende Juli bis Anfang September in Breslau (www.nowehoryzonty.pl).

September
Europäisches Festival des Geschmacks: Seit 2010 richtet Lublin das kulinarische Festival aus, das von Konzerten, Ausstellungen, Theateraufführungen und Lesungen begleitet wird (www.europejskifestiwalsmaku.pl).

Internationales Festival »Warszawska Jesień« (Warschauer Herbst): Das Festival widmet sich seit über 50 Jahren der zeitgenössischen Musik aus Mittel- und Osteuropa (www.warszawska-jesien.art.pl).

Internationales Festival »Wratislavia Cantans«: An dem mehrtägigen Festival in **Breslau** mit Sinfonie- und Kammermusikkonzerten, Oratorien und sakraler Musik, aber auch Kunstausstellungen und Theateraufführungen, nehmen 2000 bis 3000 Musiker aus der ganzen Welt teil (www.wratislaviacantans.pl).

Festival Łódź Czterech Kultur (Lodsch der vier Kulturen): Die alte Textilstadt kehrt zu ihren polnischen, deutschen, jüdischen und russischen Wurzeln zurück (www.4kultury.pl).

Oktober
Warsaw Film Festival: Internationale Produktionen finden immer öfter den Weg an die Weichsel (www.wff.pl).

November
Internationales Festival »Jazz Jamboree«: Das wichtigste Jazz-Festival Polens findet alljährlich in **Warschau** statt (http://adamiakjazz.pl).

Dezember
Wettbewerb der schönsten Weihnachtskrippen in **Krakau**. Seit über 100 Jahren werden in der Stadt aufwendige Krippen *(szopka)* gebaut.

Wichtige Kulturereignisse in Polen: www.culture.pl

Geld, Kreditkarten

Die polnische Währung ist der frei konvertierbare *Złoty*. Ein Złoty entspricht 100 *Groszy*. Es gibt Münzen zu 1, 2 und 5 Złoty und Banknoten zu 10, 20, 50, 100 und 200 Złoty. Bargeld kann bei Banken und in Wechselstuben *(Kantor)* problemlos getauscht werden. Tauschen Sie nie auf der Straße! Im August 2019 betrug der Umtauschkurs 4,25 Złoty für einen Euro. Der Tageskurs wird von der polnischen Zentralbank ermittelt: www.nbp.gov.pl. Beträge bis zu 2000 Złoty können problemlos mit der EC-Karte oder mit den gängigen Kreditkarten an zahlreichen Geldautomaten abgehoben werden. Die Hausbank verlangt in der Regel eine Gebühr von ca. € 4. Größere Hotels, Restaurants und Geschäfte akzeptieren internationale Kreditkarten.

Die zentrale **Sperr-Notruf-Nummer** beim Verlust von Kredit- und Bankkarten ist die ✆ +49 11 61 16. Bei einem Anruf wird man an den entsprechenden Kartenbetreiber weitergeleitet. Weitere Informationen, die vor Antritt der Reise eingeholt werden sollten, gibt es über www.kartensicherheit.de.

Hinweise für Menschen mit Handicap

Die öffentlichen Verkehrsmittel und Gebäude sind in Polen nicht immer behindertengerecht eingerichtet, obwohl sich die Lage seit einigen Jahren deutlich verbessert hat. Informationen über behindertengerechte Reisen in Polen gibt es bei dem Verein »Integracja«, www.integracja.org (nur polnisch). Weitere Auskunft erteilt der Reisedienst des Bundesverbands Selbsthilfe Körperbehinderter e.V. (BSK-Reiseservice, Alt-Krautheimerstr. 20, 74236 Krautheim, ✆ 062 94-428 5-0/-9, www.bsk-ev.org).

Weihnachtskrippen-Wettbewerb in Krakau

Internet

Informative Websites zu Polen sind
Offizielles Tourismus-Portal: www.polen.travel/de
Urlaub auf dem Bauernhof: www.eceat.agroturystyka.pl
www.wakacje.agro.pl
Reiseinfos zu Polen: www.schoenes-polen.de
www.info-polen.com
Restaurantführer: www.restaurants.pl
Veranstaltungskalender: www.culture.pl
Weitere Websites finden Sie im Kapitel Vista Points ab S. 26.

An vielen öffentlichen Plätzen, in Hotels, Restaurants und Cafés ist die Nutzung von **WLAN** gratis.

Klima, Kleidung, Reisezeit

Das Klima ist ähnlich wie in Deutschland. An der Küste weht oft ein kühler Wind, je weiter man nach Osten kommt, desto kontinentaler wird das Klima: mit heißen Sommern und eisigen, schneereichen Wintern mit bis zu -20 °C. Wichtigste Reisezeit sind außer für die Skigebiete die Monate Mai bis Oktober.

Medizinische Versorgung

Die ärztliche und zahnärztliche Versorgung in Polen ist gut. In den Apotheken (Apteka) sind alle gängigen Medikamente erhältlich. Über Bereitschaftsdienste informieren Aushänge in den Apotheken und lokale Zeitungen.

Seit dem EU-Beitritt gelten in Polen die gleichen Regeln wie in anderen EU-Ländern. Die deutsche Krankenkasse übernimmt die Kosten, die im Krankheitsfall für ärztliche Leistungen in Polen anfallen. Für die Behandlung benötigt man eine Europäische Krankenversicherungskarte. Eine Auslandskrankenversicherung ist darüber hinaus ratsam, da sie auch ggf. den Rücktransport übernimmt.

Mit dem zunehmenden Rückgang von freien, von den Kassen bezahlten Leistungen in Deutschland entwickelt sich Polen zu einem gefragten Ziel für Medizintourismus. Vor allem bei Zahnärzten und Kieferorthopäden (Dentysta) sind die Behandlungskosten deutlich geringer als in Deutschland. Auch die Zahl kleinerer Schönheitsoperationen nimmt schnell zu. Inzwischen gibt es in Polen mehrere private Kliniken. Wer eigens wegen einer Behandlung nach Polen reist, sollte aber vorher mit seiner Kasse die Kostenübernahme klären.

Mit Kindern in Polen

Polen ist ein sehr kinderfreundliches Land. In Hotels und Restaurants werden die Kleinen nicht nur freundlich empfangen, sondern auch mit speziellen Angeboten verwöhnt. An den Ostsee-Ferienorten fehlt es nicht an Wasserrutschen und Spielgeräten oder an anderen Attraktionen. In der Regel fällt der Strand sehr flach ab, sodass auch für kleinere Kinder das Plantschen und Baden ungefährlich ist.

Beliebt bei Familien mit Kindern sind Ferien auf dem Bauernhof.

Interessant für Kinder sind beispielsweise auch das Wissenschaftszentrum Kopernikus in Warschau (vgl. S. 20), das Aquarium in Gdingen (vgl. S. 98 f.) und der Aquapark Wesolandia in Warschau (ul. Wspolna 4, ℰ 22-773 91 91, www.wesolandia.pl).

Auch im im Rennöffen-Museum im Heiligkreuzgebirge (vgl. S. 47), in den alten Steinkohlebergwerken Königin Luise und Guido (vgl. S. 77 f.) sowie in der Paradieshöhle (vgl. S. 46) kommen die Kleinen garantiert auf ihre Kosten.

Nachtleben

Ob gemütlich auf ein Bier oder zum Tanzen in die Disco: Die Polen gehen gerne aus. In Warschau geht es entlang der Nowy Świat und der Krakowskie Przedmieście elegant zu, auch Stara Praga und Saska Kępa sind angesagt bei Nachtschwärmern. In Krakau versteckt sich von der Altstadt bis nach Kazimierz und Podgórze hinter fast jeder Tür eine Kneipe. Viele Clubs legen Wert auf Abendgarderobe.

Notfälle, wichtige Rufnummern

Europaweiter Notruf ℰ 112 (auch mobil)
Polizei ℰ 997 (nicht für Mobiltelefone)
Feuerwehr ℰ 998 (nicht für Mobiltelefone)
Ambulanz ℰ 999 (nicht für Mobiltelefone)
Zudem gibt es (tägl. im Sommer 8–22, im Winter 8–18 Uhr) einen **Notruf in deutscher Sprache**, der bei Unfällen, Diebstählen oder Problemen mit der Polizei hilfreich ist: ℰ 22-278 77 77 oder 608-59 99 99. Vgl. auch Telefonieren.

Das Wissenschaftszentrum Kopernikus in Warschau ist nicht nur für Kinder spannend

Öffnungszeiten

Einzelhandelsgeschäfte:
Mo–Fr 10–19 Uhr, Sa 10–13 Uhr
Große Einkaufszentren:
tägl. 8–22 Uhr
Lebensmittelgeschäfte:
Mo–Fr 6–19 Uhr
Banken: Mo–Fr 8–18, Sa 8–14 Uhr
Post: Mo–Fr 8–19, Sa 8–13 Uhr, in den größeren Städten hat die Hauptpost meist rund um die Uhr geöffnet.

Post

Briefe und Postkarten sind für Europa mit 5 Złoty zu frankieren. Die Post ist nach Deutschland in der Regel drei bis sieben Tage unterwegs. Eilbriefe (Express) werden meist innerhalb von 48 Stunden ausgeliefert. Für wertvolle und eilige Sendungen wird der Dienst von Kurierfirmen empfohlen wie EMS, DHL oder Federal Express. Infos: www.poczta-polska.pl.

Presse, TV

Deutschsprachige Zeitungen sind in Polen in allen großen Hotels und internationalen Buchhandlungen meist mit nur einem Tag Verspätung erhältlich. In den größeren Hotels können deutschsprachige TV-Sender empfangen werden.

Die wichtigsten polnischen Zeitungen sind Gazeta Wyborcza und Rzeczpospolita. Außerdem gibt es drei liberale Wochenmagazine: Polityka, Wprost und Newsweek.

Rauchen

Seit 2010 gilt in Polen ein umfassendes Rauchverbot, nicht nur in Restaurants und Gaststätten, sondern auch in Schulen, öffentlichen Verkehrsmitteln, Stadien und auf Spielplätzen. Der Zigarettenkonsum ist beispielsweise in Restaurants ohne separate Raucherräume, auf Bahnhöfen und an Bushaltestellen verboten. Wer sich nicht daran hält, muss mit einer Geldstrafe von bis zu 500 Złoty rechnen.

Sicherheit

In den chaotischen Wendetagen nach dem Fall des Kommunismus nahm die Kriminalität in Polen zu. Es bildeten sich regionale Banden, die sich auf Schmuggel, Schutzgelderpressung oder Drogenhandel spezialisierten. Berühmtheit erlangte die polnische Auto-Mafia.

Inzwischen hat sich die Situation deutlich verbessert, doch Vorsicht ist weiter geboten. Immer noch werden viele Autos gestohlen, auch wenn sie nicht mehr in Polen landen, sondern gleich weiter in die Ukraine oder nach Russland verschoben werden.

Stellen Sie Ihr Fahrzeug während Ihrer Polenreise nachts auf bewachten Parkplätzen ab. Die gibt es fast überall – und sie sind recht sicher. Passen Sie auf Märkten und in öffentlichen Verkehrsmitteln auf Ihre Taschen auf – es gibt viele Taschendiebe. Wertgegenstände und Pässe lassen Sie am besten im Hotelsafe. Ansonsten gelten für polnische Großstädte die gleichen Regeln wie für alle Großstädte Europas: Vermeiden Sie nach Möglichkeit einsame Spaziergänge nach Mitternacht. Hütchenspieler auf der Straße spielen immer falsch. Und Vorsicht ist auch bei weiblichen Zufallsbekanntschaften geboten.

Sport und Erholung

Agrartouristik

Ferien auf dem Bauernhof erfreuen sich in Polen zunehmender Beliebtheit. Viele Unterkünfte bieten inzwischen einen guten Standard. Besonders viele Angebote gibt es in den wald- und wasserreichen Regionen wie in der Kaschubischen Schweiz und den Masuren. Infos: ℆ 58-77 457 54, www.wakacje.agro.pl.

Über 1300 Bauernhöfe und Privatanbieter führt die Polnische Föderation für Tourismus auf dem Lande auf:

ℹ️ **Polska Federacja Turystyki Wiejskiej**
»Gospodarstwa Gościnne«
al. Kasztanowa 2
24-150 Naleczow
℆ 81-501 43 11, www.pftw.pl
www.eceat.agroturystyka.pl

Angeln

Mit seinen 9286 Seen und der 528 Kilometer langen Ostseeküste ist Polen ein Paradies für Angler. Vor allem die Masurischen Seen und die Flüsse Pommerns gehören zu den attraktivsten Angelrevieren in Europa. Fast 70 Fischarten bevölkern die Binnengewässer, darunter Lachse, Meeresforellen, Hechte, Aale, Zander und Karpfen.

Ausländische Touristen brauchen in Polen eine Angelgenehmigung (der deutsche Angelschein ist nicht gültig). Diese bekommt man entweder im Hotel oder über den polnischen Anglerverband: Polski Związek Wędkarski (www.pzw.org.pl).

Die Preise für die Angelgenehmigung variieren je nach Dauer, Gebiet und Gewässer zwischen 20 und 400 Złoty. Infos auch unter: www.rybobranie.pl

Golf

Golf ist in Polen seit einigen Jahren auf dem Vormarsch. Von Jahr zu Jahr steigt die Zahl der Plätze, zurzeit gibt es 19 18-Loch-Plätze und 72 Vereine mit 5600 aktiven Golfern. Infos unter: www.pzgolf.pl.

Radfahren

In den vergangenen Jahren entwickelte sich Polen zu einem beliebten Reiseziel für deutsche Radler. Vor allem in Pommern und Masuren gibt es viele interessante Routen. Informationen zu allen Fragen rund ums Radfahren beantwortet:

ℹ️🚲 **PTTK**
ul. Senatorska 11
00-075 Warszawa
℆ 22-875 10 00, www.pttk.pl
www.narowerze.pttk.pl
In vielen Regionen Polens kann man die Gegend hervorragend mit dem Fahrrad erkunden, allen voran in den Masuren und in den Vorkarpaten/Bieszczady.

Reiten

In Polen gibt es über 1200 Gestüte, die sich oft in alten Gehöften oder Schlössern befinden. Sie bieten Unterkunft, Verpflegung und Reitunterricht an. Dazu kommen Hunderte von privaten Reitzentren, in denen man einige Stunden lang reiten oder an einem Kurs teilnehmen kann. Einige Reiseveranstalter organisieren mehrtägige Wanderritte durch Polen. Zu den bekanntesten Gestüten gehört die Pferdezucht Liski in Bartoszyce in Masuren, wo Trakehner gezüchtet werden. Nähere Informationen zum Reitsport-Tourismus in Polen sowie detaillierte Beschreibung der Reitstrecken finden Sie unter www.pttk.pl.

Mehrtägige Wanderritte durch Polen bieten auch deutsche Veranstalter an.

Reitausflug an der polnischen Ostsee

i ✉ Websites der Bootsverleiher
Giżycko/Lötzen:www.nczarter.pl
www.bielakczartery.pl
www.topyachting.pl
Węgorzewo/Angerburg:
www.mamry-jacht.pl
www.ahoj.pl
Mikołajki/Nikolaiken:
www.cicha-zatoka.mazury.info.pl

Weitere Informationen:

i ✉ Polnischer Seglerverband (Polski Związek Zeglarski)
al. ks. J. Poniatowskiego 1
Warszawa
✆ 22-541 63 63, www.pya.org.pl

Segeln

Polen ist mit seiner Vielfalt an Gewässern eine besondere Attraktion für jeden Wassersportliebhaber. Vor allem in Masuren macht Segeln richtig Spaß. Da die meisten Seen über Flüsse und Kanäle miteinander verbunden sind, können ausgedehnte Törns veranstaltet werden. Entlang der Ostseeküste gibt es Yachthäfen unter anderem in Swinemünde, Kolberg, Stolpmünde, Hela und Danzig. Bei mehreren Charterfirmen können Boote unterschiedlicher Größe gemietet werden. Allein im Kreis Lötzen vermieten 40 Charterfirmen rund 700 Yachten.

Einfache Boote gibt es schon für etwa € 30 am Tag, komfortable Yachten für etwa € 150–300 (Hauptsaison). In der Hauptsaison rechtzeitig reservieren. Vor Ort werden Segelkurse angeboten, die mit einem international gültigen Segelschein abgeschlossen werden – auch für deutsche Gruppen.
Infos unter: www.camp.com.pl, www.mazury.info.pl/czartery

Surfen

Die Hochburg der Surfer ist die Halbinsel Hel. Dort gibt es auch das größte Angebot an Surfschulen. Im Kommen ist das Kitesurfen. Hel gehört zu den Topplätzen in Europa und war bereits mehrfach Austragungsort der Kitesurf-Trophy-Tour.

Wellness

Wellness liegt auch in Polen im Trend. Immer mehr Hotels bieten ihren Gästen Anwendungen zur Entspannung und Erholung. Infos: www.spahotele.pl.

– Hotel Senator in Dzwirzyno/Kolberger Deep (www.hotelsenator.pl)
– Hotel New Skanpol in Kolobrzeg (www.newskanpol.pl)
– Hotel Spa Wzgórza Dylewskie in Ostróda (www.drirenaerisspa.pl)
– Hotel Amber Baltic auf der Ferieninsel Wolin

Mitbringsel vom Ostseestrand

Strände

Das Wasser in der Ostsee und in den meisten Seen ist sauber. Offizielle Badestellen sind mit Bojen gekennzeichnet und werden von Rettungsschwimmern bewacht. Es gibt in Polen nur wenige FKK-Strände. »Oben ohne« ist ebenfalls nicht so selbstverständlich wie in Deutschland. Die schönsten Strände finden sich auf der Insel Wolin, bei Kołobrzeg/Kolberg, Łeba und auf der Halbinsel Hel.

Strom

Die neuen Steckdosen in Polen haben einen Erdungsbolzen. Manche deutsche Stecker brauchen deswegen einen Adapter. Die Stromspannung beträgt ebenfalls 220 Volt.

Telefonieren

Öffentliche Telefonzellen sind aus dem Straßenbild weitgehend verschwunden.
Handys sind in Polen sehr verbreitet, die Funknetze gut ausgebaut. Die deutschen Anbieter haben Roamingverträge mit polnischen Telekom-Firmen. Seit Sommer 2017 werden in der EU keine zusätzlichen Roaming-Gebühren erhoben. Infos: www.teletarif.de/reise.

Es gelten die internationalen **Vorwahlnummern:** Deutschland +49, Österreich +43, Schweiz +41. **Landesvorwahl Polen:** +48

Trinkgeld

Wie in Deutschland wird in Restaurants, beim Friseur oder an Tankstellen Trinkgeld gegeben, etwa fünf bis zehn Prozent der Rechnungssumme. Zimmermädchen, Gepäckträger oder Taxifahrer erwarten auch ein kleines Trinkgeld.

Unterkunft

Hotels
Seit 1990 hat sich die Zahl der Hotelbetten verdoppelt. Internationale Hotelketten expandieren in den wichtigsten Großstädten und in den Ferienzentren. Über 1600 Hotels bieten ihre Dienste an, fast die Hälfte haben drei Sterne. Hinzu kommen Tausende von Privatpensionen. Infos unter: www.hotelewpolsce.pl, www.eholiday.pl/kategoria-hotel.html, www.wakacje.pl/hotele/polska

Ferienhäuser
In den meisten Urlaubsregionen Polens werden zur Ferienzeit private Quartiere, Zimmer, Wohnungen und sogar ganze Häuser vermietet. Zudem gibt es Ferienhäuser-Kolonien, die meist einfache Holzhäuser vermieten, z. B. www.fajnewczasy.pl/noclegi/domki_letniskowe.

Camping
In Polen gibt es über 300 Campingplätze, davon sind 200 im polnischen Campingverband (Polska Federacja Campingu i Caravaningu – PFCC, www.pfcc.eu) registriert. Campingplätze sind in der Regel von Mai bis September geöffnet, einige sind auch ganzjährig in Betrieb. Alle Campingplätze ver-

fügen über Stellplätze für Zelte und Wohnwagen. Die Stellplätze sind mit Elektroanschlüssen (220 Volt) ausgestattet. Alle Plätze sind bewacht und verfügen über eine Rezeption, Warmwasser, sanitäre Anlagen und Kochstellen. Infos: www.campingpolska.com.

Jugendherbergen

In Polen gibt es etwa 250 Jugendherbergen, die ganzjährig geöffnet sind und weitere 150, die im Sommer zur Verfügung stehen. Viele Studentenwohnheime in den großen Städten verwandeln sich in den Sommermonaten in preiswerte Hotels.

Infos: www.ptsm.org.pl (auch dt.)

Verkehrsmittel

Alle polnischen Großstädte haben ein gut ausgebautes öffentliches Verkehrsnetz mit Bussen und Straßenbahnen. In Warschau gibt es seit einigen Jahren auch eine U-Bahn-Linie, die von Nord nach Süd verläuft. Gleiche Tickets gelten für Busse, Straßenbahn und U-Bahn. Sie müssen vor der Fahrt in einem Zeitungskiosk erworben und nach dem Einsteigen in einem Automaten entwertet werden. Es gibt Zeittickets (20, 40 und 60 Minuten für alle Verkehrsmittel) sowie Normaltickets für ein Verkehrsmittel. Eine einfache Fahrt kostet 4,40 Złoty. Es gibt auch Tages- und Wochenkarten. Öffentlicher Transport verkehrt in der Regel zwischen 5.30 und 23 Uhr. Die richtige Verbindung findet man mit der jakdojade-App.

Eisenbahn

Die größeren Städte sind durch die Bahn verbunden. Die Verbindungen von Warschau in die Regionen sind meist gut ausgebaut, dort werden schnelle Intercity-Züge eingesetzt. Den Fahrplan gibt es unter www.pkp.pl.

Bus

Zwischen allen größeren Städten gibt es mehrere Busverbindungen, die oft deutlich preiswerter sind als die Bahn. Wegen des hohen Verkehrsaufkommens auf manchen Strecken sind Busfahrten aber nicht unbedingt zu empfehlen. Es gibt mehrere Busanbieter, den Fahrplan gibt es unter www.checkmybus.pl/polska. Ein großer Anbieter ist Polski Bus, www.polskibus.com.

Taxi

Die Preise für ein Taxi starten bei 1,50 Złoty pro Kilometer, nachts sind sie etwa doppelt so hoch. In allen größeren Städten gibt es zudem den Fahrdienst Uber, dessen Preise etwas darunter liegen. Die Polen bestellen ihr Taxi immer öfter über die Taxi-Apps.

Die populärsten Taxi-Apps sind:
www.pl.mytaxi.com
www.itaxi.pl
www.ecocar.pl
www.globcabtaxi.pl
www.neptuntaxi.pl

Zeitzone

In Polen gilt wie in Deutschland die mitteleuropäische Zeit (MEZ), von Ende März bis Ende Oktober wird die Uhr auf Sommerzeit umgestellt.

Zoll

Ausländer können Waren zum persönlichen Gebrauch (nicht zum Verkauf) zollfrei in Polen einführen und auch ausführen. Touristen über 17 Jahre können z. B. Folgendes ein- bzw. ausführen: 800 Zigaretten, 1 Kilogramm Tabak, 110 Liter Bier (Wein unbegrenzt), 10 Liter Spirituosen. Weitere Informationen unter: www.zoll.de ∎

Die wichtigsten Wörter für unterwegs

Polnisch ist eine slawische Sprache, die u. a. mit Russisch und Tschechisch verwandt ist. In den größeren Städten sprechen viele Leute etwas Englisch. Auch Deutsch wird als Fremdsprache zunehmend beliebter. Auf dem Land ist die Verständigung schwierig. In den großen Hotels wird auf jeden Fall Englisch gesprochen.

Wichtige Wörter und Phrasen

ja	– tak
nein	– nie
danke	– dziękuję
bitte	– proszę´
Entschuldigung.	– Przepraszam.
Guten Tag!	– Dzień dobry!
Guten Morgen!	
Auf Wiedersehen!	– Do widzenia!
Tschüss!	– Cześ!
Guten Abend!	– Dobry wieczór!
Gute Nacht!	– Dobranoc!
Ich verstehe nicht.	– Nie rozumiem.
Sprechen Sie	– Czy mówi pan/
Deutsch?	pani po
	niemiecku?
ich	– ja
du	– ty
er	– on
sie	– ona
Sie	– pan (m), pani (f)
wir	– my
ihr	– wy
sie	– oni
Wie heißt Du?	– Jak masz na imię?
Wie geht's?	– Jak się masz?
gut	– dobrze
schlecht	– źle
Ehefrau	– żona
Ehemann	– mąż
Tochter	– córka
Sohn	– syn
Mutter	– matka
Vater	– ojciec
Freund	– przyjaciel
Freundin	– przyjaciółka

Zahlen

0	– zero
1	– jeden
2	– dwa
3	– trzy
4	– cztery
5	– pię
6	– sześ
7	– siedem
8	– osiem
9	– dziewię
10	– dziesię
11	– jedenaście
12	– dwanaście
13	– trzynaście
14	– czternaście
15	– piętnaście
16	– szesnaście
17	– siedemnaście
18	– osiemnaście
19	– dziewiętnaście
20	– dwadzieścia
30	– trzydzieści
40	– czterdzieści
50	– piędziesiąt
60	– sześdziesiąt
70	– siedemdziesiąt
80	– osiemdziesiąt
90	– dziewiedziesiąt
100	– sto
1000	– tysiąc

Einkaufen/Restaurant

Kann ich mit Kreditkarte zahlen?	– Czy mog zapłaci kartą kredytową?
Postkarte	– kartka poczto-wa
Briefmarke	– znaczek pocz-towy
viel	– dużo
wenig	– mało
Frühstück	– śniadanie
Mittagessen	– obiad
Abendessen	– kolacja
Prost!	– Na zdrowie!
Die Rechnung, bitte	– Rachunek proszę
Brot	– chleb
Kaffee	– kawa
Tee	– herbata

Saft	– sok
Wasser	– woda
Bier	– piwo
Wein	– wino
Salz	– sól
Pfeffer	– pieprz
Ei	– jajko
Wurst	– kiełbasa
Honig	– miód
Marmelade	– dżem
Fleisch	– mięso
Fisch	– ryba
Gemüse	– warzywa
Obst	– owoce
Salat	– sałatka
Nachtisch	– deser
Eis	– lody
Wo ist?	– Gdzie jest?
Was ist das?	– Co to jest?
Wie viel kostet?	– Ile kosztuje?

Unterwegs

Fahrkarte	– bilet
Bahn	– pociąg
Bus	– autobus
Flughafen	– lotnisko
Bahnhof	– dworzec kolejowy
Busbahnhof	– dworzec autobusowy
Autovermietung	– wypożyczalnia samochodów
Hotel	– hotel
Zimmer	– pokój
Haben Sie ein Zimmer frei?	– Czy jest wolny pokój?
Reisepass	– paszport
Restaurant	– restauracja
links	– lewa
rechts	– prawa
geradeaus	– prosto
weit	– daleko
nahe	– blisko
lang	– długi
kurz	– krótki
Museum	– muzeum
Bank	– bank
Apotheke	– apteka
Polizei	– policja
Krankenhaus	– szpital
Geschäft	– sklep
Schule	– szkoła
Kirche	– kościół

Toilette	– toaleta
Straße	– ulica
Platz	– plac
See	– jezioro
Fluss	– rzeka
Schwimmbad	– basen
Brücke	– most

Zeit

Wie spät ist es?	– Która godzina?
Tag	– dzień
Woche	– tydzień
Monat	– miesiąc
Jahr	– rok
Montag	– poniedziałek
Dienstag	– wtorek
Mittwoch	– środa
Donnerstag	– czwartek
Freitag	– piątek
Samstag	– sobota
Sonntag	– niedziela
Januar	– styczeń
Februar	– luty
März	– marzec
April	– kwiecień
Mai	– maj
Juni	– czerwiec
Juli	– lipiec
August	– sierpień
September	– wrzesień
Oktober	– paêdziernik
November	– listopad
Dezember	– grudzień
Frühling	– wiosna
Sommer	– lato
Herbst	– jesień
Winter	– zima
heute	– dzisiaj
gestern	– wczoraj
morgen	– jutro

Internet

SMS	– SMS
App	– apka, aplikacja
Drucker	– drukarka
Tastatur	– klawiatura
Anhang	– załącznik
At-Zeichen (@)	– małpka
Haben Sie WLAN?	– Czy masz wifi?
Ich habe kein Signal.	– Nie mam sygnałen.
WLAN-Passwort	– hasło wifi

Die **fetten** Hervorhebungen verweisen auf ausführliche Erwähnungen, *kursiv* gesetzte Begriffe und Seitenzahlen beziehen sich auf den Service.

Albendorf (Wambierzyce) 76 f.
Allenstein (Olsztyn) 107
Altfinken (Stare Jabłonki) 110
Angerburg (Węgorzewo) 112,
   113, 133
Anreise, Einreise 124 f.
Auschwitz (Oświęcim) 43 f.
Auskunft 125
Automiete, Autofahren 125 f.

Bad Altheide (Polanica-Zdrój) 71 f.
Bad Kudowa (Kudowa-Zdrój) 67 f.
Bad Landeck (Ladek-Zdrój) 68
Bad Reinerz (Duszniki-Zdrój) 65
Bad Salzbrunn (Szczawno-Zdrój)
   74
Berent (Kościerzyna) 106
Bernstein 102, 103
Białowieża Nationalpark 31
Białystok 26
Biebrza-Flusstal, Nationalpark
   30 f.
Bieszczady Nationalpark 120, *132*
Biskupin 82
Breslau (Wrocław) 6, 7, 9, 11,
   53 ff., 69, *124, 125, 128*
– Adalbertkirche 56
– Ägidienkirche 55
– Aquapark Wrocław 57
– Archäologisches Museum 55
– Dominsel 54 f.
– Elisabethkirche 56
– Japanischer Garten 57 f.
– Johannes-Kathedrale 55
– Kreuzkirche 55
– Marktplatz 54
– Martinskirche 56
– Nationales Musikforum 58
– Nationalmuseum 56
– Panorama Racławicka 57
– Rathaus 54
– Stadtmuseum 56
– Universität 57
Brieg (Brzeg) 58 f.

Bromberg (Bydgoszcz) 82 f.
Bunzlauer Keramik 69

Cammin (Kamień Pomorski) 94 f.
Chęciny 46
Chełm 116 f.
Chopin, Fryderyk 8, 18, 19, 22,
   29, 65
Chopins Geburtshaus 29
Ciechocinek 84

Danzig (Gdańsk) 7, 9, 91, 98, 99,
   100–106, 117, *124, 125, 126,
   128, 133*
– Altstädtisches Rathaus 104
– Artushof 101, 103 f.
– Bernsteinmuseum 102
– Danziger Goldwasser 105
– Dominikanermarkt 106
– Frauengasse 102
– Georgshalle 104
– Goldenes Haus 101
– Goldenes Tor 101
– Große Mühle 104
– Großes Zeughaus 105
– Grünes Tor 101
– Hohes Tor 101
– Königliche Kapelle 102
– Königsweg 101
– Krantor 103
– Lange Brücke 102
– Lange Gasse 101
– Langer Markt 101
– Langfuhr 105
– Leninwerft 103
– Marienkirche 101 f., 104
– Museum der Stadt Danzig 103
– Nationalmuseum 103
– Neptunbrunnen 101
– Oliva 104
– Rechtstadt 101
– Rechtstädtisches Rathaus 101
– Speicherinsel und Bleihof 105
– Stockturm und Peinkammer
   105
– Uphagenhaus 101, 102
Diplomatische Vertretungen 126

Einkaufen 126
Elbing (Elbląg) 107
Essen und Trinken 126 f.

Feiertage, Feste 127 f.
Frauenburg (Frombork) 107 f.
Freilichtmuseum (Park Etno-
graficzny) 46
Freilichtmuseum Maurzyce (Skan-
sen w Maurzycach) 28
Fürstenstein, Schloss 76

Gdingen (Gdynia) 98 f.
Geld, Kreditkarten 129
Glatz (Kłodzko) 64 f.
Gleiwitz (Gliwice) 53, 61
Gnesen (Gniezno) 84
Gołuchów 84
Grodno 9
Großpolen 53, 79–89
Grünberg (Zielona Góra) 88 f.
Grunwald (Tannenberg) 109 f.
Grüssau (Krzeszów) 66 f.

Habichtsberg (Jastrzębia Góra) 97
Heiligelinde (Święta Lipka) 111
Heiligkreuz-Nationalpark (Świę-
tokrzyski Park Narodowy) 46 f.
Heilsberg (Lidzbark Warmiński)
108 f.
Heisernest (Jastarnia) 98
Hela (Hel) 97 f., *133*
Hela, Halbinsel (Mierzeja Helska)
97 f.
Heuscheuergebirge, Nationalpark
68
Hindenburg (Zabrze) 53, 77 f.
*Hinweise für Menschen mit
Handicap* 129
Hirschberg (Jelenia Góra) 61 f.
Hohensalza (Inowrocław) 86

Internet 129
Izabelin 29

Jaroslaw 121
Jurapark Krascheow 71
Jurata 98

Kalwaria Zebrzydowska 44, *127*
Kamionka 119
Kampinos Nationalpark 29
Karpatenvorland 114–123, *132*
Karthaus (Kartuzy) 106
Kaschubische Schweiz 90, **106**, *132*

Kattowitz (Katowice) 53, 63 f.
Kazimierz Dolny 117 f.
Kielce 44 f.
Kleinpolen 32
Klima, Kleidung, Reisezeit 129
Königshütte (Chorzów) 64
Kolberg (Kołobrzeg) **95 f.**, *133,
134*
Koniakau (Koniaków) 66
Kopernik, Mikołaj (Kopernikus,
Nikolaus) 37, 86, 87, 88, 107 ff.
Kostrzyn nad Odrą *128*
Krakau (Kraków) 6, 10, 14, **32–41,**
124, 127, 128, 130
– Adalbertkirche 33
– Barbakan 34
– Breite Straße 36
– Collegium Maius 37
– Dominikanerkirche 38
– Drachenhöhle 39
– Florianstor 33 f.
– Franziskanerkirche 38
– Gemäldegalerie des National-
museums 36
– Historisches Museum 37
– Hotel pod Różą 38
– Jana-Matejko-Haus
– Kathedrale 34, 39
– Kazimierz 35 f., 40 f.
– Königsschloss 34 f., 38 f.
– Marienkirche 33, 38
– Marktplatz 33
– Museum Czartoryskich 37
– Museum unter dem Marktplatz
37
– Nationalmuseum 37
– Paulinerkirche 38
– Rathaus 33
– Szolayski-Haus 36 f.
– Synagoge Remuh 35, 40
– Synagoge Stara 35, 40
– Synagoge Tempel 40
– Tuchhallen 33
– Wawel-Hügel 34 f., 38 f.
– Zygmunt-Turm 34
Krasiejów (Krascheow) 71
Krokowa 97
Krummhübel (Karpacz) 62 f.
Krynica-Zdrój 47 f.
Krzemionki 45
Krzyżowa (Kreisau) 73

Łańcut 120 f.
Landsberg an der Warthe (Gor-
zów Wielkopolski) 85 f.
Łeba 96, *134*
Liegnitz (Legnica) 6, 69
Lodsch (Łódź) **26 ff.**, *127, 128*
Lötzen (Giżycko) 112, *133*
Łokietek-Höhle 49
Łowicz 28
Lublin 7, **114 ff.**, *128*
– Dreifaltigkeitskirche 115 f.
– Erzkathedrale 115
– Grodza-Tor 115
– Lubliner Museum 115
– Lubliner Schloss 115
– Museum der Stadtgeschichte
115
Lwów 9, 53, 54

Majdanek 114, 116
Marienburg (Malbork) 106 f.
Masowien 26–31
Masuren und Ermland 100–113,
132, 133
Medizinische Versorgung 130
Misdroy (Międzyzdroje) 94
Mit Kindern in Polen 130
Mohrungen (Morąg) 110

Nachtleben *130*
Nałęczow 118
Neisse (Nysa) 69
Nieborów 29
Nikolaiken (Mikołajki) 111 f.,
133
*Notfälle, wichtige Rufnummern
130*

Oberländischer Kanal (Kanal
Ostródzko-Elbląski) 107
Oberschlesien (Górny Śląsk) 55,
63, 64
Oder-Warthe-Bogen 89
Öfffnungszeiten 131
Ojców Nationalpark 48 f.
Opactwo Benedyktynów 42 f.
Oppeln (Opole) 70 f.
Osterode (Osteróda) 110
Ostseeküste (Wybrzeże Bałtyku)
90–99, *124, 132, 133*
Oświęcim vgl. Auschwitz

Paradieshöhle (Jaskinia Raj) 46
Pieninen-Nationalpark 49 f.
Pieskowa Skała 48
Polen in Zahlen und Fakten 124
Płock 29 f.
Posen (Poznań) 6, 9, 32, **79–82,**
124, 125, 127, 128
– Adalbertkirche 81
– Alter Markt 79 f.
– Apotheke 80
– Archäologisches Museum 80, 82
– Dominsel 80 f.
– Hauptwache 80
– Historisches Museum 81
– Krämerhäuschen 80
– Kunstgewerbemuseum 80
– Malta 82
– Marienkirche 81
– Museum Henryk Sienkiewicz 80
– Musikinstrumentenmuseum 80
– Nationalmuseum 81
– Peter-und-Paul-Kathedrale 80 f.
– Pfarrkirche 80
– Proserpina-Brunnen 80
– Rathaus 80
Post 131
Przemyśl 119
Presse, TV 13
Pułtusk 30

Radom 9, 26, 31
Rastenburg (Kętrzyn) 111
Ratibor (Racibórz) 72
Rauchen 131
Reichenstein (Złoty Stok) 78
Rennöffen-Festival 47
Riesengebirge, Nationalpark 67
Rhein (Ryń) 112
Rössel (Reszel) 111
Rogalin 84 f.
Rzeszów 119 f.

Schlesien 53, 55, 58, 64
Sandomierz 50 f.
Schaffgotsch-Palast 62
Schreiberhau (Szklarska Poręba)
74 f.
Schweidnitz (Świdnica) 72 f.
Sensburg (Mrągowo) 110, *128*
Sicherheit 131 f.
Skansen w Maurzycach 28 f.

Sochaczew 29
Slowinski-Nationalpark) 96
Sorquitten (Sorkwity) 110
Sport und Erholung 132 ff.
Sprachführer 136 f.
Starachowice 45
Steinort (Sztynort) 112
Stettin (Szczecin) 9, **90–93**, *124, 127*
– Hafentor 92
– Hakenterrasse 90
– Herzogenschloss 92
– Jakobkathedrale 92 f.
– Königstor 92
– Loitzenhaus 91
– Meeresmuseum 91 f.
– Nationalmuseum 90, 92
– Peter-und-Paul-Kirche 90 f.
– Rathaus 92
– Rossmarkt 91
Stoewer 91
Stolp (Słupsk) 96 f.
Stolpmünde (Ustka) 96, *133*
Strände 134
Strom 134
Sudeten 53
Swinemünde (Swinoujście) 93 f.,
133

Tannenberg (Grunwald) 7, 109 f.
Tarnowitz (Tarnowskie Góry) 75
Tatra (Tatry), Nationalpark 32, 51 f.
Telefonieren 134
Thorn (Toruń) 86 ff.
Thorner Lebkuchen 88
Trebnitz (Trzebnica) 58
Trinkgeld 134
Tschenstochau (Częstochowa) 59 ff.
Tyniec, Abtei 43 f.

Unterkunft 134 f.

Verkehrsmittel 135

Waldenburg (Wałbrzych) 75 f.
Warschau (Warszawa) 7, 8, 9,
12–25, 26, 29, 97, *124, 125, 126,*
128, 130, 131, 135
– Alexanderkirche 19
– Altstadt 15 f.
– Altstadtmarkt 16
– Chopin Museum 20

– Heiliggeistkirche 17
– Heiligkreuzkirche 18, 22
– Historisches Museum 16, 21
– Hl.-Jacek-Kirche 17
– Karmeliterkirche 18
– Kathedrale des hl. Johannes 16
– Kirche der Sakramentsschwes-
tern 17
– Kirche der Visitandienerinnen
18, 21 f.
– Königsschloss 23
– Königsweg 14 f., 17
– La Playa 24
– Łazienki-Park 17, 19, **24**
– Museum der Geschichte der pol-
nischen Juden 21
– Museum des Warschauer Auf-
standes 21
– Nationalmuseum 19, 21
– Neustadt 17
– Nowy Świat 18 f.
– Pałac Namiestnikowski 18
– Palast der Kultur und Wissen-
schaft 22
– Parlament 19
– Schlossplatz 14
– St.-Anna-Kirche 17, 22
– Teatr Wielki/Opera Narodowa
24 f.
– Torburg Barbakan 17
– Treppengasse 16
– Ujazdowski-Schloss 23
– Universität 18
– Weichsel-Promenade 23 f.
– Wilanów-Palast 23
– Wissenschaftszentrum Koperni-
kus 20, 130
Weichsel (Wisla) 77
Wigry Nationalpark 113
Wieliczka (Salzmine) 32, 41 f.
Włodawa 121 f.
Wolfsschanze (Wilczy Szaniec) 112
Wolin 93, **94**, *133, 134*
Wybrzeże Bałtyku vgl. Ostseeküste
Wysoki Ostrów, Insel 112

Zamość 122 f.
Zeitzone 135
Zoll 135
Zoppot (Sopot) 99
Żywiec 78

Zeichenerklärung

In diesem Reiseführer werden folgende Symbole verwendet:

🛈	Information	🍺	Kneipe, Pub
🏛	Museum, Galerie	🍷	Weinverkostung
👁	Sehenswürdigkeit	🍸	Bar, Nightlife
📷	Sightseeing, Tour	🎷	Jazzmusik
🪧	Wanderung	🎵	Livemusik, Konzert, Disco
	Aussichtspunkt	🎁	Einkaufen
🦉	Nationalpark, Naturschutzgebiet	🛏	Hotel
🌳	Park, Wald	🌴	Strand, Düne
	Botanischer Garten		Aquapark, Schwimmbad
	Zoo, Tierpark		Wellness
🦅	Vogelbeobachtung	🏃	Sport, Aktivität
🐟	Aquarium, Angelfahrt	🚲	Fahrradverleih, -tour
	Hits für Kids	🚢	Schiffsverbindung, -fahrt, Fähre
	Safari-Park		Wassersport
	Freizeitpark		Zugfahrt, Bahnhof
	Fest, Theater	✈	Rundflug, Flughafen
	Restaurant		

Die im Kapitel Warschau und unter den »Vista Points« beschriebenen Orte und Sehenswürdigkeiten sind auf der **separaten Karte** mit einem roten Stern (★) gekennzeichnet.

Bei den empfohlenen Restaurants werden Preiskategorien angegeben, die sich jeweils auf ein Hauptgericht mit Getränk beziehen:

€ – unter 10 Euro
€€ – 10 bis 17 Euro
€€€ – 17 bis 25 Euro
€€€€ – über 25 Euro